コロナ不況下の
サバイバル術

大川隆法
RYUHO OKAWA

まえがき

まさしくサバイバルの時代に突入した。日本では、一万数千人の公式感染者数で、死者数百人しか出ていないのに、行政が大変な力の入れようで、東京オリンピック景気が吹っ飛んだ責任を回避しているかのようだ。

一カ月ぐらいの緊急事態宣言で、零細《れいさい》企業から、中小企業、大企業まで、「死《し》神《に》《がみ》」「破壊の神」「倒産の神（?）」「貧乏神《びんぼうがみ》」に取り憑《つ》かれたかのようだ。

感染症学者の意見を参謀がわりに使って、行政をやっても、経済の原理も、基本的人権も、民主政治も破滅する。同調圧力の強いこの国では、餓死者《がししゃ》、自殺者、そして国家財政の破綻《はたん》が、やってくる。不満抜き、ガス抜きのために、いけにえを出しても、問題は解決しない。

コロナ不況下のサバイバル術は、全体主義との戦いに似ている。各自《かくじ》、智慧《ちえ》と努力で仕事を前進させなければ、悲劇の第二幕《まく》が始まる。心して本書を読んでほしい。

二〇二〇年　五月二十一日

幸福《こうふく》の科学《かがく》グループ創始者兼総裁《そうししゃけんそうさい》　大川隆法《おおかわりゅうほう》

コロナ不況下のサバイバル術　目次

第1章　コロナ不況《ふきょう》下のサバイバル術

二〇二〇年四月二十二日　説法《せっぽう》
幸福の科学 特別説法堂にて

2　新型コロナウィルスの恐怖《きょうふ》を乗り越《こ》えるために　30

5

「宗教パワー」でサバイバルを目指す　75

第2章　免疫力を高める法

二〇二〇年二月十五日　説法
幸福の科学 特別説法堂にて

5　アレルギーの霊的原因と対処法　117

6　免疫力を高め、ウィルスと戦うための秘策　136

第3章　コロナ危機を生き抜《ぬ》く心構え
――御《ご》法話「私の人生論」質疑応答――

二〇二〇年五月二日
幸福の科学 特別説法堂にて

1　コロナ感染に関する現時点での見解　148

新型コロナウィルスに関する霊人《れいじん》の意見を比較《ひかく》し、結論を探《さぐ》る　149

感染症《しょう》学者が政治家の責任回避《かいひ》に使われていることも　150

「感染症という病気は実在しない」と言う学者もいる　152

根本的にはインフルエンザや風邪《かぜ》と大きく変わらないコロナ感染　154

第1章

コロナ不況《ふきょう》下のサバイバル術

二〇二〇年四月二十二日　説法《せっぽう》
幸福の科学　特別説法堂にて

1　コロナ禍《か》での日本の状況《じょうきょう》を見て思うこと

「善人のサバイバル術」について説く

本章を「コロナ不況《ふきょう》下のサバイバル術」と名付けましたが、これについては、言わなければいけないことがそうとうあるため、いっぺんには言えません。事態がどんどん変わっていくので、進展に合わせて追加していき、そのつど、考え方を出していかなければいけないと思っています。

経営全体について話をしてもよいのですが、国や地方公共団体等が、法令を使っていろいろと強制的に行《おこな》っているところがあるので、通常の経営の話ではできないものもあり、難しいのです。今は、政府や地方自治体とマスコミとが一体になって動いているところがあるので、これが間違《まちが》っていた場合には、〝全滅《ぜんめつ》〟に近いことになる可能性が高いのではないでしょうか。

簡単に概観《がいかん》すると、緊急《きんきゅう》事態宣言がなされ、途中《とちゅう》から全国化しましたけれども、二週間前後たち、あまりよくない状況となっています。見ていると、よいことよりも悪いことのほうを予想されることが非常に多いので、安倍《あべ》政権の長期政権下で、最後に〝大変な失敗〟をするのではないかという感じは強くなってきているのです。

なるべく分かりやすく話をしようとは思っていますが、「サバイバル術」といっても、すべてがサバイバルする方法は難しいので、本章では、「できたら善人にサバイバルしてほしい」と思い、そちらのほうにやや考えをシフトしながら話をしていくことにします。この際、「悪人は一掃《いっそう》してもらってもよいのではないか。悪人と、悪い職業・事業等は、サバイバルできなくても別によいのではないか」と思うこともあるのです。

ただ、心正しく、仏法真理《ぶっぽうしんり》に則《のっと》って生きている人や、世の中のために生きようと思っているような人たちにはサバイバルしてほしいので、幸福の科学の信者のみなさんだけではなく、一般《いっぱん》の人でも、「善性《ぜんせい》」「善人性」を持っている人には、できたら読んでもらいたいと思っています。もともと聞く気のないようなタイプの人たちは、結構かと思っているのです。

心理的に大衆操作をしている新聞・テレビには要注意

特に、今は、新聞やテレビのニュース、ワイドショー等で、連日、新型コロナウィルスによる感染者《かんせんしゃ》数の増加や死者数の増加などを、地域別にもたくさん出していますが、こうしたものを毎日観《み》ていると、「よくなることがない、感染が増えていくしかない状況にある」と考えるようになってしまうため、精神衛生上あまりよくありません。先は暗くなるしかないように見えてしまうのです。

もちろん、必要なものもあるでしょうから、簡単にニュースの一部を観たり、テレビの概要をチラッと観たりするぐらいなら構いません。ただ、あまり詳《くわ》しく観たり読んだりしすぎないほうがよいでしょう。毎日少しずつ何かが増えていっているだけのことなのですが、これによって心理的に大衆操作されているところがあり、危険なのではないかと思っているのです。

また、やや皮肉な言い方をすることを許してほしいのですが、今、〝普通《ふつう》はめったに出てこない〟ような医者、特に感染症《しょう》関係の医者が、やたらと出てきては意見を言っています。新聞やテレビ、その他の媒体《ばいたい》に出ては、意見をたくさん言っているのです。

しかし、彼らは本当に狭《せま》い範囲《はんい》の専門家なので、自分の仕事関係については意見もあるでしょうが、「それをやったら、国家経営や経済、政治はどうなるか」

「貿易はどうなるか」「国 対 国はどうなるか」といった全体の仕組みや動きについては、ほとんどまったく考えていないわけです。

したがって、「何かの専門家だから」といって、それがすべてに通用するように考えるのは、少し過《あやま》ちがあるでしょう。

人と違《ちが》う意見を言うことが許容される社会をつくるべき

アメリカでも、トランプ大統領が、「そろそろ経済復活に向けて舵《かじ》を切らなければいけない」と思っているようですが、そういうことを言うと、「歴代大統領のなかで最も科学を信じない、科学と対決するような大統領だ」といった感じの揶揄《やゆ》の仕方をマスコミにされたりしていました。それを聞くと、何だか当会も同じような心境になり、「トランプ大統領とよく似ているのだな」と思ったのです。トランプ大統領が「フェイクニュース」と言うようなところに対しては、当会もそう言いたくなるようなことも多く、やや似ています。

みなが常識と思い、ドドドッと流れていく方向と反対のことを言う人がいると、だいたい〝魔女狩《まじょが》り〟をしたい気分になってきて、いじめたくなるのでしょうが、その流れは〝危険〟だと、私は思っています。やはり、そういうなかにおいても、いつもと同じような意見や人と違《ちが》う意見が言えたり、違った行動を取る人たちが出たりすることを許容する社会でないといけません。「一つの考え方以外起用しない」といった感じにすべてが行くのは、〝やや危険〟です。そういう人が出てくると、〝魔女狩り〟風にやっつけてしまう、〝葬《ほうむ》ってしまう〟というようになったらいけないのです。

特に、医者も、専門家といえども、このような世界的なパンデミックをそれほど経験しているわけもありませんし、こんなことは、一生に一回あるやらないやら分からないぐらいのことです。

一九二九年の世界大恐慌《だいきょうこう》でも、当時を経験し、今も生きている人というと、九十一歳《さい》以上の人ということになります。ただ、そのときは赤ちゃんだったという人が覚えているわけもないので、知っているとしたら百歳を超《こ》えた人ぐらいですから、非常に少ないわけです。

したがって、経験は生かされないと見てよいでしょうから、「すべては手探《てさぐ》りの想像のなかで行われている」ということです。

特に、現在では、大きな数字を使ってのマクロ予想といったものが好きなようで、価値判断を加えず、「こうなる、こうなる」と言っているようなものがとても多いので、気をつけないといけません。個別具体的に「どのようになっていくのか」ということを想像しなければいけないでしょう。

大会社までもが潰《つぶ》れていくことに備え、サバイバルを考えよ

緊急事態宣言をしてから二週間ほどがたったころでも、「効果が出てくるのに、まだあと一、二週間は見なければ分からない」と言ってはいました。当初は「五月六日まで」と、とりあえず言ってはいましたが、「おそらく延長するのではないか」ということは、みなが潜在《せんざい》下で感じていたことです。子供でも、「収まらないのではないか」と言っていました。

一カ月で収まってくれるなら、休業補償《ほしょう》や失業補償、会社の補塡《ほてん》など、できないことはないとは思うのですが、これが三カ月を越《こ》えて、もっと続いていくものなら、ほぼ無理でしょう。小さな会社だけではなく、大きな会社まで潰《つぶ》れます。「大会社」、「中規模会社」、「零細《れいさい》」、「個人」と、すべて潰れていくので、やはり、サバイバルする方法を考えないと駄目《だめ》です。今、気をつけないと、政府に〝全権

●**当初は**……　2020年５月４日、安倍首相は、当初は５月６日までとしていた緊急事態宣言の期限を５月31日まで延長すると発表。その後、５月14日には39県で解除を決定し、さらに５月21日には近畿３府県で解除を決定した。

委任〟してしまう気《け》があるので、意見を言う人が必要なのです。

安倍首相の目には、おそらく、目に見えない〝ウィルス爆弾《ばくだん》〟のようなものが、毎晩、攻撃《こうげき》してきているように見えていて、「上空から攻撃されていて、爆弾が落ち続けているので、みなさん、家のなかに避難《ひなん》してください。できるだけ堅固《けんご》な建物の地下に入ってください」といった感じでしょうか。

「人が密集していると大勢が同時に死にますから、できるだけパラパラになって隠《かく》れてください」「乗り物が狙《ねら》われると大勢が死にますから、乗らないでください」「疎開《そかい》すると地方の人口密度が上がり、そこをまた爆撃される恐《おそ》れがありますから、疎開はせずに、都会の地下に潜《もぐ》ってください」といった感じのことを言っているように見えなくはありません。

やや皮肉な言い方をしたので、グサッときた人もいるかもしれませんが、極端《きょくたん》に言わないと分からないこともあるので、あえて言わせていただきました。

客が来すぎて〝倒産《とうさん》状態〟になっている病院

それから、コメンテーターとして医者が出てきては、よく話をしていますけれども、これも怖《こわ》いことです。はっきり言えば、今、病院は繁盛《はんじょう》しているのです。病院経営は大繁盛であり、「客が来すぎて〝倒産《とうさん》状態〟になっている」というのが実情です。

では、取ってはいけないところまで客を取ってしまった場合、どうなるでしょうか。

それは、取ってはいけないところまで客が来ているために、人手が足りなくなって、みなが休みが取れなくて過労になり、さらには備品や食材等も足りなくなって、患者《かんじゃ》の健康管理ができないという状態になるのです。昔で言えば、客を取りすぎて食中毒を起こした旅館のように、病院がなっているということです。

あるいは、少し前に見た光景で言えば、東京湾《わん》のクルーズ船に閉《と》じ込《こ》めているような状況でしょうか。大きな病院などは、あの感じだろうと思うのです。

病院に対して、「客を取りすぎる」と言ったら、やや失礼に当たるかとは思いますが、分かりやすくするために、そのように言わせてもらいました。

なかには、廊下《ろうか》にまでベッドをたくさん並べて、とにかく入院させているような所もありますし、もう病院には入れないので、外の庭などにテントを張り、検査はそちらでするといった感じになっている所もあります。「検査に来たら、そこから感染するから」というようなことで、医療《いりょう》従事者も感染することを恐れていますし、ほかの客にもうつるからということで、だんだんと人間が人間を嫌《きら》う感じになってきているのです。

それは、旅行などでも同じことであり、「人と一緒《いっしょ》だとうつるし、地方に行ってもうつる」というような感じになってきています。今はそれでもよいかもしれませんが、これがもし、経済を回復させようとする機会になったら、今度は旅行に来てくれなくなるでしょう。「あそこは『来るな』と言った。拒否《きょひ》した」などという感じになると、だんだん来てくれなくなるので、回復するのは大変なことかと思います。

「経済の原理」に反している現在の動き

また、「とにかく人が集まるとうつる」といった言い方をしていますが、これは「経済の原理」に反しています。

「経済の原理」というのは、はっきり言えば、「売上＝単価×数量」です。売上は品物、あるいはサービスの「単価」に、何人が、または何個買ってくれるかという「数量」をかけたものなのですが、今は、この数量のほうをグーッと制限し、八割ぐらい減らそうとしている状態なのです。その場合、単価が五倍にもなれば、売上は同じにはなりますけれども、そのようなことにはなりません。

外食産業なども、すでに潰れかけつつありますが、「客が二割になったから、単価を五倍にできるか」といったら、それはできないでしょう。そうなれば、人は行かないことを選ぶからです。スーパーで食材を買って自宅で調理したほうがよいので、行かなくなるため、できません。ですから、そういった〝通常の経済原理〟は働かないわけです。

補償《ほしょう》を当てにしすぎてはいけない

昨日《きのう》（四月二十一日）、ニュースを観ていると、外食産業の人たちが「このままでは潰れる」と言って騒《さわ》いでいました。

「外食産業の場合、コストは『材料費』と『人件費』と『家賃』の三つで出来上がっている。だから、食事を提供しなければ、材料費はゼロにできるけれども、人件費と家賃は減らない。ということで、法制度を変えて、国のほうで家賃を補塡してほしい」と言っていたのですが、無理はあると思います。

ただし、〝終わり〟が決まっていれば、やるかもしれません。例えば、「五月六日までの家賃を補塡してほしい」ということであれば、分かります。しかし、いつ終わるかも分からない統制下でずっと補償《ほしょう》することなど、できるわけがないのです。これは、海外のほかのところを見ても、どこも同じです。

あるいは、「テナントで入っているところはすべて、家賃をタダにしてほしい」と言っても、今度は、不動産を持っている大家のほうが潰れていくことになります。

そういうことで、けっこう厳しい状況が続くだろうと思います。

●**五月六日までの……**　説法時点では、緊急事態宣言の期限は「5月6日まで」となっていた。

2　新型コロナウィルスの恐怖《きょうふ》を乗り越《こ》えるために

現時点の感染者《かんせんしゃ》数や死者数は、インフルエンザよりも少ない

ここで考えてほしいことがあります。それは、「結局、感染《かんせん》して死亡する人の人数はどのくらいか」ということです。それを見ていただきたいのです。

日本で言えば、今の時点（四月二十二日）で一万数千人が感染したと言われていますが、死亡者はずっと少ないのです。死亡率は十パーセントも行かず、数パーセントです。

一方、インフルエンザの流行時を見ると、人数はもっと増えます。インフルエンザが流行するときは、百万人、二百万人と感染して、学校が学級閉鎖《へいさ》をしたり

しますし、数千人から一万人ぐらいが亡《な》くなっています。

それに比べて、今の感染のほうの死者数が多いわけではないし、感染者数もかなり少ないのです。人々に「外に出ないように」と言っていることもあるとは思いますが、少ないことは少ないのです。なお、世界の死亡率については、今のところ、五パーセントから十パーセントまで行かないぐらいの間ではあります。

また、高齢者《こうれいしゃ》や、いろいろな障害を持っているような人が、肺炎《はいえん》を起こしたり、他の病気を併発《へいはつ》したりして死に至りやすいのは、インフルエンザとあまり変わらないと思います。

ところで、みなさんは、インフルエンザが流行《はや》ったとき、「経済行動」や「職業行動」、「生活行動」について、どのようにされているでしょうか。マスクぐらいはかけるかもしれませんが、それ以外は普段《ふだん》とあまり変わらないと思います。

確かに、学級閉鎖をするようなこともあります。ただ、そのときは、学校で感染がかなり広がっている場合です。そういうときには閉鎖したりしますけれども、今は、感染が広がる前に閉鎖している状態になっているわけです。

休業だらけの日本で、今は水商売系の狐《きつね》の霊《れい》も〝失業〟している

そのため、「教育」もほとんど休業になっています。

塾《じゅく》や予備校も危ないでしょう。夜にもやっていますが、「夜も出るな」と言われているので、こちらも危ないかもしれません。しかし、こういうものは、いったん潰《つぶ》れると、あとで復活させるのは、おそらくそう簡単なことではないだろうと思います。

それから、最近の霊的《れいてき》な現象として、この一カ月ぐらい、特によく感じることがあります。

それは、●大悟館《たいごかん》には普通は来ないものです。狐《きつね》の霊といってよいのかどうかは

●大悟館　幸福の科学の教祖殿《きょうそでん》。大川隆法総裁が霊天上界と交流し、宗教家としての仕事をするための神聖な宗教施設。

分かりません。〝妖魔系《ようま》〟というべきかもしれませんが、そういうものが、やたらと出現するのです。

普段は来ないものが、なぜ来るのでしょうか。銀座《ぎんざ》や新橋《しんばし》、新宿《しんじゅく》、池袋《いけぶくろ》、渋谷《しぶや》、その他の繁華街《はんかがい》、盛《さか》り場で、夜、水商売をやっているところが、現在、みな閉店状態に追い込まれているので、そこで商売を〝手伝っている〟水商売系の狐の霊たちも、一斉《いっせい》に〝失業状態〟に入っているらしいのです。

各所千匹《びき》単位の〝失業者〟を出しているようで、それらがピョンコピョンコと飛び跳《は》ねています。幸福の科学の本拠地《ほんきょち》は五反田《ごたんだ》に近いので、そのあたりにも、だいぶいるだろうとは思います。

とにかく、狐の霊が〝失業〟しています。普段、狐の霊は、お金をもらっているわけではないのですが、お客が来てお酒を飲んだり食べ物を食べたりしているのを一緒《いっしょ》に楽しんでいます。また、商売繁盛《はんじょう》のお祈《いの》りをされて、機嫌《きげん》よく生きています。ところが、仕事がなくなってしまったので、幸福の科学にピョンコピョンコとやって来たわけです。

そして、ここに〝狸《たぬき》の総本山《そうほんざん》〟があるかのような感じで、何か少し攻撃《こうげき》を加えてきています。「失業した今の状態をどうにかしてほしい。このままではいられなくなる」ということで、狐の霊も〝失業補償《ほしょう》〟を求めているようです。

昔であれば、狐の体に入れば、生まれ変わることができましたが、今は東京には原野《げんや》がなく、そもそも狐はほとんど存在しないので、肉体に宿れないわけです。妖魔系の人間が増えてくれば、狐も人間に転生《てんしょう》できる条件が整う場合もあります。動物から人間に生まれ変わってくる例は幾《いく》つかあるのです。

しかし、狐の霊たちは、今のコロナウィルス問題で「退治されかかっている」と思って、今、狼狽《ろうばい》している状況《じょうきょう》です。

コロナ騒動《そうどう》は、恐怖心《きょうふしん》で煽《あお》られているところがある

宗教も、「集会をすると、うつる」ということで、やりにくくなっています。

韓国《かんこく》では、「キリスト教系の新興宗教の教会で集団感染が起きた」というのが二つぐらいあり、それで、宗教の集会がとても警戒《けいかい》され始めています。

イスラム教も、広々とした空間のなかで集まって祈ったりしていますが、「うつりやすい」ということで、やりにくくなっていると思います。

あるいは、キリスト教系で言えば、教会で結婚式《けっこんしき》をする人も多いですが、結婚式をすると、普通は百人ぐらい来るので、「集団感染の可能性がある」ということで、結婚式も「先延ばし、先延ばし」になっています。

葬式《そうしき》も同じです。やはり何十人も集まったりしてしまうので、葬式もしにくくなっています。

このように、宗教系も、そうとうなダメージが全体的に出ているのではないかと思います。

「人が集まってはいけない」というのは、最初は、大きなコンサートや野球、サッカー、ラグビー、大相撲《おおずもう》の無観客開催《かいさい》、あるいは中止あたりから始まっているとは思いますが、先ほど述べたように、今のところ、インフルエンザの「感染者数」と「死者数」から見ると、特にそれ以上のものではないので、精神的にやや恐怖心《きょうふしん》で煽《あお》られているところがあると思います。

自殺者を増やさないためにも、自由に仕事をできるようにすべき

今は、安倍《あべ》首相が進めようとしていた経済政策等が、すべて正反対のほうに〝逆流〟している状態になっているかもしれません。ある意味では、「消費税の呪《のろ》い」といえば、そのとおりです。消費させたくても、消費できない状態になって

いるのです。

政府は、「申請《しんせい》があれば、一人当たり十万円を給付する」と言っていますが、焼け石に水でしょう。少しは損失補塡《ほてん》になるかもしれませんが、ほとんどは消費するわけがなく、持っているだけでしょうから、無駄《むだ》でしょう。

特に、インターネットで通販《つうはん》をやっているようなところは、売上が少し増えているだろうと思いますが、これと競合関係にある個人商店の小売業等は、壊滅《かいめつ》的に終わる可能性というか、休業、あるいは失業、倒産《とうさん》になる可能性が極《きわ》めて強いと思います。

そして、「倒産して、あとでまた仕事を始める」といっても、もう一回店を開けるのは大変なことです。自前のものであれば維持《いじ》できますが、レンタルのものであれば解約しなければいけないし、人も解雇《かいこ》しなければいけないからです。

日本は、そのようになるのは少し遅《おそ》いのですが、アメリカでは、とっくにレイオフ（解雇）がどんどん進んでいます。ついこの前は、失業率が過去最低まで落ち込んでいたのに、今は失業者がものすごい数で増えているのです。トランプ大統領が、「このまま放置しては危ない」と言うのは当然でしょう。

民主党系のデモ隊も「自由にさせろ」と言って〝暴《あば》れて〟いましたが、共和党の大統領がそれを支持しているというような状況が起きています。「そうだ、もっとやれ。自由にしたほうがよいのだ」というわけです。

アメリカ人は、銃《じゅう》で家庭を護《まも》るような人たちであり、警察が護ってくれるとは思っていません。「泥棒《どろぼう》が入ってきたら、撃《う》ち殺して家族を護るのは、主人の仕事である」と思っているような人たちなので、「生きるも死ぬも、自分たちの勝手だ。好きにやらせてほしい」と言っているわけです。それはそうだと思います。

というのも、このまま統制下に置かれ、じっとしているならば、会社あるいは自分のところの商店は潰れるからです。そして、失業補償を求めても、下りなければそれまでなのです。これでは、感染で死ななくても、自殺者が増えるかもしれません。

日本では、自殺者は年間二万人ぐらいいますが、こういう状況であれば、また今年から増えてくるだろうと思います。

「生《しょう》・老《ろう》・病《びょう》・死《し》」を受け入れ、残された天命を果たすことに邁進《まいしん》せよ

交通事故で亡くなる人は、一時期は一万人を超《こ》えていたものの、今は数千人にまで減っています。しかし、それでも、まだ数千人は亡くなっているわけです。

もちろん、いろいろな病気で亡くなる人は大勢います。

人は、「何によって死ぬか」まで選べない状況ではありますが、ここは仏教の本則《ほんそく》に従い、「人は生まれたら、年を取り、病気になって死ぬ。生《しょう》・老《ろう》・病《びょう》・死《し》は逃《のが》れられないのだ」と思って、「自分に与《あた》えられた、残された天命をいかに果

たすか」ということに邁進《まいしん》したほうがよいでしょう。

特に今は、病院で亡くなる人以外では、老人ホームとか、そういう施設《しせつ》での感染・大量死が多くなっています。これは結局、年金問題の解決に入っているようにも見えなくはありません。

ですから、こういうことが起きたあとで、「社会の見直し」「家族体系の見直し」等が始まらなければいけないだろうと思います。

今、死神に狙《ねら》われて、〝トロール網《あみ》〟で大量に引っ掛《か》けられ、あの世に引っ張っていかれようとしている人たちは、それも運命だと捉《とら》え、「死ぬまでの人生において、できるだけ善行を積み、よいことをして、あの世に去ろう」と考えていただきたいと思います。

「恐怖心《きょうふしん》」「自己保身」ではなく、他人の幸福実現に心を向ける

人は必ず、百パーセント死にます。今の科学や学問、マスコミ世論《せろん》は、あの世の世界をほとんど認めていないと思いますが、あの世の世界は百パーセントあります。

私は、この証明のために三十数年間ずっとやってきました。それを愚弄《ぐろう》し、嘲《ちょう》弄《ろう》して、「バカげている」などと言う人もいるでしょうが、そういう人に対しては、「どうぞ優先してコロナウィルスに罹《かか》り、お亡くなりになって、あの世があるかどうかを確認してください。あの世がなかったら、もう何も考えなくて済むからいいですね。悪口を（週刊誌等に）さんざん書いて、儲《もう》けて、そして、夜はお酒を飲みに行っていたのが、今は飲みに行けなくなり、苦しくて悶《もだ》えているのでしょうから、亡くなるなら亡くなって、どうぞ、あの世で実体験してください。

ただし、それを訴《うった》えに来るところはもうありませんからね」ということを言うだけです。

真実を知っている人のほうが少なく、そして、真実をフェイク（虚偽《きょぎ》）だと思い、フェイクニュースを流し続けている人のほうが権力を持っているような時代もあるわけで、今、そうした時代になっています。

その意味で、今は、一見、不幸が見舞《みま》っているように見えますが、実は〝お立て直し〟が起きている時期でもあると思います。

大勢の人が亡くなったりするなど、不幸も出ますけれども、もし、これを善転させようとするならば、人が病気になったり死んだりすることは、ありふれた日常のことなので、そのなかで、「恐怖心《きょうふしん》」と「自己保身」のなかを生きるのではなく、「他の人たちの幸福を実現しようと思いながら、有限の時間をいかに有意義に生きるか」ということに心を向けていくことが大事であると思います。

「魂《たましい》の永遠さ」に気づき、人間本来の姿に立ち戻《もど》れ

「災《わざわ》い転じて福となす」で、もし、「生命の有限さ」から、逆に「魂《たましい》の永遠さ」のほうに気がついて、神仏に祈ったり、相対峙《あいたいじ》しようとしたりする人が増えてくるような風潮に持っていくことができたら、たとえ、世界的に大量の感染者が出て、多くの方が亡くなったとしても、おそらく、それは意義のあることになると思います。

人間が、世の中全体を覆《おお》う「科学万能《ばんのう》主義」や「医学万能主義」的な考え方の限界を知り、「本来の姿に立ち戻《もど》らなければいけない」ということを知ったならば、今回のことには意味があるでしょう。

神様、仏様をこれほど嘲弄し、無視し、軽視して、「人間様の考えることで全部やれるのだ」というような傲慢《ごうまん》な人類が溢《あふ》れている時代に、こういったことが

起きてくるのは、別におかしいことでも何でもありません。幸福の科学から出ている本には、「こういうことは過去に何度も起きている」と書かれています。こうした傲慢の時代は長くは続かないので、「謙虚《けんきょ》」にする必要があるのです。

今回のことをよいほうに考えれば、そういうことかと思っています。

「天命」「寿命《じゅみょう》」を受け入れることも大事

死にたくないのは、みな同じではありましょうが、いずれは死ななければいけないのも確実です。その時期はなかなか選べないし、世の中には善人が早く死ぬことも、悪人が長生きすることもあって、不公平なものでもあるとは思っています。

ただ、「肉体の防衛は、ある程度まではしてもよいけれども、ある程度以上は、しても無駄なところがある」ということです。

今、日本人の半分ぐらいは、ガンや心臓、血管の病気等で死ぬことになっていますけれども、ガンで死ぬ人たちというのは、昔であれば、天命で〝老衰死《ろうすいし》〟したように見えただろうと思います。ガンでも、心臓病でもそうですが、おそらく、老衰して自然に死んだように見えたことでしょう。

それが、今は病院で寿命《じゅみょう》を延ばして、何年か治療《ちりょう》したりするので、病死したように見えているだけではないかと思います。

そういう「天命」「寿命」を受け入れることも、大事なのではないでしょうか。

動物たちにも、みんな寿命があります。ウサギの寿命、犬の寿命、猫《ねこ》の寿命、それぞれあるので、しかたがないのです。亀《かめ》は長生きするかもしれないけれども、ウサギは長生きはできません。

動物が生きられる年数は、心臓の鼓動《こどう》の数と関係があるとされています。一生で心臓が収縮できる回数がだいたい決まっているので、ゆっくり収縮する生き物は長く生きますが、速く収縮するものは長くは生きられないようになっているのです。

その代わり、速く収縮するものは俊敏《しゅんびん》に行動することができるので、別の言い方をすれば、人生の密度は高いわけです。また、「人生密度を薄《うす》くしたものは長く生きられはするけれども、大した結果は残せないといったこともある」とも言えるでしょうか。

そういった意味でも、今は、この「生と死の問題」について、もう一度考え直すべき時期だろうと思うのです。

ただ、それでも私は、「地上で何か予想外のことが起きて、無念の死を迎《むか》えて不成仏霊《ふじょうぶつれい》がたくさん増えること」は望んでいないので、「そういうことが傾向《けいこう》にならないようにしたい」とは思っています。

3　免疫力《めんえきりょく》を高める等の自衛手段でサバイバル

大局観がなく、悩乱《のうらん》している政府のコロナ対策

政府が、強制的に「一カ月ぐらいは、外に出ないで家にいてください」とか、「会社に行かないでください」とか、「会社に行く人を七割、いや、八割削減《さくげん》したい」とか言っているのを、普通《ふつう》のときに聞いたら滑稽《こっけい》に思うでしょう。そのように、本来は滑稽な話なのです。

「会社に行く人を八割減らしたら成果だ」と言っていますが、これでどうするつもりなのでしょうか。会社の収入の八割を、政府が補填《ほてん》なされるつもりなのでしょうか。しかし、そんな政府はどこにもありません。そんなことができるとこ

ろはないのです。

税金を上げたあと、今度は全部ばら撒《ま》いて、〝大崩壊《だいほうかい》〟を雪崩《なだれ》のように起こそうとしているようにしか思えないので、「妙《みょう》な政府だな」と思います。

以前は、過労死を非常に怖《こわ》がって、一人でも死んだら、「勤務形態を変えて早く家に帰って、金曜日は早めに帰って、土日は遊んでください」などと言っていたのに、次は、「どこにも遊びに行くな。家で籠《こ》もっていろよ」と言っています。

しかし、これでは、また新しい病気が発生して、死ぬ人がたくさん出るでしょう。政府の対応は、「悩乱《のうらん》している」としか思えないもので、大局観が全然ありません。

私の考えとしては、法規制がかかるものは、ややしかたがないこともあるとは思います。

ただ、「外出禁止」になったときのインドの映像を少しだけ見たことがありますが、気になったところがありました。報道もされないので、今がどうかは分からないのですが、その映像では、警官が、家から出てきた住民の足などを棍棒《こんぼう》で殴《なぐ》ったりしていたのです。「こらっ、出てくるな」と、ぶっ叩《たた》いて肉体的に処罰《しょばつ》していましたが、これでは牛や馬と変わりません。

日本はそこまでは行かないだろうとは思いますが、法律などでやると、だいたいそういった感じになります。

「罰金をかけるぞ」とかいうこともあるでしょう。イギリスでもあったと思います。「三人以上で、外で集会をしたら罰金をかける」とかいうものですが、短期的にはよいとしても、長期的には、これは絶対に不可能です。〝人類社会の崩壊〟になることだと思っています。

ですから、諦《あきら》めも肝心《かんじん》です。必ず、止まるところで止まるものです。

スウェーデンでは、医者たちが指導しているのですが、「むしろ、集団感染《かんせん》したほうがいいのだ。集団でいっぺんにうつってしまったほうが、多くの人に免疫《めんえき》ができて、うつらなくなる。少しずつ罹《かか》ると、長く感染が続いていくからよくない。集団で罹って、生き残った人だけが免疫を持っているから、それでいいんだ」というようなことのようです。

このように、医者たちが指導していても、違《ちが》うことを言うこともあるので、考え方はいろいろで、「会社にみんな出勤したら、集団感染して、あっという間に死ぬ人は死ぬけれども、免疫ができる人にはできて、あとは普通に仕事ができるようになる」という考えもあることはあるわけです。

「意志の力」「快活《かいかつ》さ」を持ち、体を鍛《きた》えることで免疫力《めんえきりょく》は上がる

政府の考える法の網《あみ》の目は、個別の具体的なところまで目が届かないので、どうか、各職業、生活の体系に合わせて、自分たちで「サバイバルできる術」「生

き延びていく方法」を、できるだけ選んでほしいと思っています。

国とか、東京都とか、その他、県とかが言うことを純粋《じゅんすい》に守って、そのとおりにやってもよいのですが、その場合には、人生が終わらないように、こまめに体を鍛《きた》えたりしてください。あるいは、鬱《うつ》にならないように、できるだけ「鬱系統になるようなもの」を読んだり、聞いたり、見たりはしないで、なるべく、「陽気になるようなもの」を読んだほうがよいでしょう。小説でも、テレビでも、「暗くなるようなもの」ではなくて、「明るくなるようなもの」を選んでいったほうがよいと思います。

私たちからは、マスコミ等から一部バカにされたりもしながら、さまざまな提言をしていますが、結局、一カ月、二カ月遅《おく》れて、医者も私たちが言っていることと同じようなことを言い始めているのです。

私たちのほうは、要するに、「今のところ、このコロナウィルス蔓延《まんえん》を防衛するためのはっきりした対策やワクチン、注射などはないので、免疫力《めんえきりょく》を高める以外に方法はないのだ」ということを言っていたわけですが、これに対して、揶揄《やゆ》し、バカにする言論等もけっこうありました。

ところが、今、医者のほうも、そちらのほうに来始めているのです。「もう病院に来てもらっても治りません。来てもらうと、感染者が増えるだけです。〝感染列島〟になりつつあるので、もう自己の免疫で頑張《がんば》ってくれ」という感じになってきています。病院ではなく、ホテルに隔離《かくり》するとか、そういったことをしたりもしていますし、「自宅で待機してください」というようになってきています。

ですから、免疫力を高めるぐらいしか方法はないのです。

先ほど述べたように、今のところ、致死率《ちしりつ》は数パーセントぐらいしかありません。もし、今後増えるとしても、おそらく二十パーセントはなかなか超《こ》えないのではないかと思います。

ただ、「高熱が出て、安静にして、栄養を摂《と》って休息したら、いったん治り、しばらくして、また感染して」というように、第二波、第三波と同じようなことを何度も繰《く》り返す感じで、免疫ができないとしたら、致死率が上がっていく可能性はあることはあるでしょう。

こういった場合は、「もしかしたら、ウィルスが一種類ではないかもしれない」という疑いがあります。種類の違うウィルスがある場合があるわけです。

ここのところが確定できず、WHOも、今、「免疫ができるかどうかが、はっきり分からない」というようなことを言っているところだと思うのですが、今の感じからいくと、ある程度の衛生状態を保てば、特に体力が弱っている人等を除けば、回復可能圏《けん》内にはいるのではないかと思います。

しかし、あまり〝巣ごもり〟しすぎると、体力が弱ってくる可能性があるでしょう。特に、定年退職後一年ぐらいで、体力がガタガタに弱るケースも多いので、

「長期戦には実に弱い」と感じています。

やはり、免疫力を上げるのは「意志の力」や「快活《かいかつ》さ」です。それから、「積極性」「建設性」など、こういう考えが大事ですし、さらに、肉体においては「筋肉をつけること」が大事です。

「緑茶」や「ルイボスティー」などでの除菌《じょきん》、手洗い等の衛生対策

除菌《じょきん》のための対策は、そんなに難しいものではありません。今は医薬品がそれほど効かない状態ですが、「緑茶系統」に含《ふく》まれているカテキンあたりでも除菌できるレベルなので、緑茶をよく飲むなどの対策があります。

あるいは、アフリカ産ですが、「ルイボスティー」という、〝病気と闘《たたか》う〟お茶が昔からあります。日本でも売っているので、私もたまに飲みますが、飲むと少し「光」が入るのです。

だから、これは、神が創った、免疫力を高めるタイプのお茶だろうと思います。昔、お茶が薬だった時代もあるのです。除菌するというか、口や喉《のど》、胃腸を消毒する効果は、そういうものにもあります。

それから、手洗いやうがい等もよく言われます。

中国は、「公衆トイレに行って出てくるときに、手を洗う人がほとんどいなかった」と言われているので、もともと不衛生なところであり、汚《きたな》いのです。それで病気になるのは当たり前かと思います。

日本人の場合、食事の前の手洗いをきっちりしていますし、トイレのあとも手洗いをきっちりしていて、紙系統で手拭《てふ》きをして捨てることも多くなっています。昔は、一つの手ぬぐいを何人もが使うことも多かったのですが、今はエアドライヤーか紙になっています。

欧米《おうべい》では、鼻をかむとき、紙でかまないでハンカチでかみます。私が昔ニューヨークに行ったとき、手土産《てみやげ》でハンカチを持っていったら、女性たちは「ありがとう」と言って、その次に鼻をチュンチュンと職場でかみ始め、そのハンカチをポケットに入れていたので、「あっ、汚い」と思い、不衛生に感じました。日本人はハンカチをそのようには使わないので、がっかりした覚えがあります。

この習慣も、欧米で感染が多い理由の一つかと思います。鼻をかんで、その鼻水が付いたままのハンカチを一日持っているのです。あとで洗濯《せんたく》するのかどうか知りませんが、これは〝危険〟です。

食事のときの「日本的な習慣」が、感染《かんせん》を防ぐ一助となる

もう一つ、日本などは箸《はし》文化で箸を使うので、手が汚れていても箸で食べるので菌がうつりにくく、感染率《かんせんりつ》が低いのです。

欧米の場合、私としてもショックではあるのですが、文明国のはずなのに、レ

ストランでテーブルについたら、洗っていない手でパンをちぎって食べるのです。「これは原始人か」と思うぐらいです。パンをちぎってバターを塗《ぬ》り、手づかみで食べるわけです。

気候が乾燥《かんそう》しているため、通常、欧米のパンは日本のパンより固く、表皮が長くもつようになっているものが多いのですが、その固いパンを手でつかみ、ちぎって食べる食習慣があるので、これではたぶん菌ごと食べています。

そして、食事の前に手洗いをしません。そういう習慣はなく、また、トイレはあまりよくないことが多いのです。

欧米でも手拭きが出ることもありますが、これは日本文化の影響《えいきょう》を受けた所です。日本だと、手拭き、おしぼりが出たり、ビニールに包まれたウェットティッシュ、ウェットの手拭きが出たりすることが多いのですが、欧米では、これは出ないのが原則です。日本化していて出る所も一部ありますが、欧米には手を拭かないで食事をする傾向《けいこう》があります。

その手は、握手《あくしゅ》をしたり、人とハグしたりしている手ですし、キスも日常茶飯《さはん》事《じ》なので、感染率が上がるような生活状態を持っているのです。

このあたりも、もう日本化するしかないのではないでしょうか。もう少しきれいになされたほうがいいと思うのです。

日本には「箸文化」と「手拭き文化」があります。機内サービスのおしぼりも日本では当然ですが、外国で流行《はや》るのは、まだそんなに簡単ではないように思います。

日本の清潔な文化を、もう少し広めたほうがいい

インドに行ったとき、機内で隣《となり》の席のインド人におしぼりが渡《わた》され、その人がそれで顔を拭いたら、おしぼりが真っ黒になったので、私は「うわあっ！」と思

いました。埃《ほこり》と土で、手も顔も〝真っ黒〟の状態で生活し、手づかみで食事をしたら、すごいことになるでしょう。

ところが、インド人の感染率はわりに低いようなので、普段、〝菌と共に生きている〟から、意外に強いのかもしれません。

以前、「インドなどに行きたかったら、その一年ぐらい前から、スリッパの裏を舐《な》めたりしたらいい。そうしたら菌に強くなって、体が菌に耐《た》えられるようになる」という、笑い話のようなものを読んだことがあるのですが、「さすがに一年前からスリッパの裏を舐める気はしないな」と思ったのです。

当会が海外巡錫《じゅんしゃく》に行くと、私は罹らないのですが、宗務《しゅうむ》以外の他局のスタッフなど、半分ぐらいの人は、腹痛を起こしたり、下痢《げり》で苦しんだりしているように思います。ホテルのメイドさんが掃除《そうじ》しているのを見ると、ほかのところを拭いた布巾《ふきん》で、そのままコップも拭いているような状態なので、それを見たら、「とてもではないけれども、水も飲めない」という状態になるようです。

向こうには衛生観念がほぼないのです。インドは、「ガンジス川で一メートル流れたら、その水はもう聖なる水になっている」と言う所です。死体を火葬場《かそうば》で焼き、灰にして流しても、その下流で、沐浴《もくよく》し、顔を洗ったりしているので、そもそも衛生観念自体がないわけです。

逆に、こういうとき、もしサバイバル率が高いようだったら、そうした〝菌と共に生きる生活〟を普段からしておけば、菌に強くなるのかもしれません。

ただ、文明化には、菌に弱くなっていく傾向があります。日本では、トイレの便器に除菌機能があるものも多くなっているので、このへんは考えようです。

日本には、江戸《えど》時代にもう下水があったぐらいです。「百万都市の江戸に下水機能があった」というのは驚《おどろ》くべきことです。

ヨーロッパでは、あっちでもこっちでも、トイレのとき、茂《しげ》みに行ってやって

●日本には……　江戸時代初期には、都市部の生活用水や雨水を掘や川へ排水して海へ流す下水網が江戸では完成していた。なお、屎尿《しにょう》については汲み取り式にしていて、下水には流さず、農業で利用していた。

いるような感じだったので、ペストなどいろいろな病気が流行るには理由があったのです。

日本の場合、「水が豊富で便利だった」というところもあるのでしょうが、清潔でいいと思います。こうした清潔な文化を、もう少し広めたほうがいいかもしれません。

密集地帯以外では、マスクはそれほど必要ない

本当はマスクが要《い》るのは一部です。満員電車のなかに、風邪《かぜ》やインフルエンザでゴホゴホやっている人がいるときなど、何人もが盛《さか》んに咳《せき》をしている所では、マスクをしていたほうがいいかと思います。

ただ、隙間《すきま》がたくさん開いているような布マスク程度では、ウィルスそのものは防げないだろうと思います。

自分が感染している人の場合には、咳をしたらその飛沫《ひまつ》が周りに飛び散るので、「唾《つばき》のしぶきを周りに撒き散らさない」という意味では、マスクをしたほうがいいように思います。

そうした本当の密集地帯以外では、マスクはそれほど必要はないと思います。ただ、実際に咳やくしゃみをしていて自覚症状《しょうじょう》があるような方は、マスクをしたほうがいいと思います。

あとは、手洗いなど衛生的なところをきちんとすれば、そんなに問題はないと思うので、「恐怖心《きょうふしん》による波及《はきゅう》効果」のほうが強いのではないかと思うのです。

4　恐《おそ》れず仕事に取り組もう

鎖国《さこく》時代のようなことをしていると、〝じっぺ返し〟が来る

政府の統制もよろしいのですが、私どもは四月の末ぐらいに四国で行事を組んでいました。外部会場ですると、やいのやいの言われるので、自前の施設《しせつ》である「エル・カンターレ●生誕館」で、四月末ぐらいに行事をする予定だったのです。

そして、せっかく気候もいいころですし、私はコロナウィルスを全然怖《こわ》がっていないので、生誕館で行事をしたあと、母と会ったりして、そのあとは祖谷《いや》（渓谷《けいこく》）に行こうと考えていました。

祖谷にはめったに行けないですし、実際、私も泊《と》まったことがないので、「祖

●エル・カンターレ　地球系霊団の至高神。地球神として地球の創世より人類を導いてきた存在であるとともに、宇宙の創世にもかかわるとされる。現代日本に大川隆法総裁として下生《げしょう》している。『太陽の法』『信仰の法』（共に幸福の科学出版刊）等参照。

谷あたりは今は空《す》いているだろうから、行って泊まり、観光をしたら、新緑の季節なので、いいだろうな」と思い、申し込《こ》んでいたのです。

ところが、あちらのほうから、あとで断りの電話が入り、「緊急《きんきゅう》事態宣言が出ている地方から来られる方は、お泊めできません」と言われました。要するに、「ウィルスを持ってくる恐《おそ》れがあるので、断っている」ということであり、「近所の宿屋はみな、もう休業に入っているので、他県の方はあまりお泊めできないのです」とのことでした。

徳島県は優秀《ゆうしゅう》です。見ていると、感染者《かんせんしゃ》が三名のままでずっと推移していて（四月二十日時点）、その三名のうち二名は、もう回復しているとのことなので、残りの一名をどこかの〝カプセル〟に入れたら〝ゼロ〟です。

岩手県は、〝感染者ゼロ〟がずっと続いていて、もう観光王国になれるような状態ですが、「全国から岩手県に観光をされたら、かなわない」というところはあるでしょう。

これを拒否《きょひ》してもいいのですが、あとで〝しっぺ返し〟があります。観光を元に戻《もど》さなくてはいけないときに、もう来てくれなくなると思うのです。鎖国《さこく》時代のようなことをやっていたら、そういうこともあるかと思います。

政府は救ってくれないので、できる仕事をすることが大事

今のところ、インフルエンザが強く流行《はや》ったとき以上のものではないので、そこまで考える必要はないのではないかと思います。

特に、個人による仕事をしているようなところは、なるべく頑張《がんば》って、やり続けられるものはやらないと、本当に失業状態、倒産《とうさん》になってしまいますが、政府も救ってはくれません。政府は、職業をつくるところまではできないからです。

できるのは、配給制のようなものです。「パンや牛乳、お米などを割り当てて

配給する」とか、「価格を統制する」とか、そのようなことはできますが、「自由に、いろいろな職業設計をする」というようなことは無理です。したがって、自分で捨てたら終わりになりますので、できるところは、なるべくしたらよいと思います。

「人が集まったら感染する」と言うのなら、もう本当に、幸福の科学の「中国発・新型コロナウィルス感染撃退祈願《げきたいきがん》」を受けてお札《ふだ》をもらい、それを玄関《げんかん》に貼《は》るなり、入り口に貼るなりして、「うちはもう、お祓《はら》いをしていますので、大丈夫《だいじょうぶ》です」というようにするしかないでしょう。

結婚式《けっこんしき》なども、延期ばかりしていても埒《らち》が明かないので、挙《あ》げてしまったらよいのです。怖かったら、幸福の科学の支部精舎《しょうじゃ》や精舎でやればよいと思います。

そうでなければ、今は貸してくれないのかもしれませんが、できる結婚式場があれば、当会の講師でも呼んで、始まりと終わりぐらいに、「中国発・新型コロナウィルス感染撃退祈願」の経文《きょうもん》を唱和してもらって、普通《ふつう》に行えばよいでしょう。私は、それほど罹《かか》るとは思っていません。

結婚式は、大安《たいあん》のときには式場がなかなか取れないものですが、仏滅《ぶつめつ》のときには〝がら空《あ》き〟で、安い料金で行える所があります。今は、仏滅がずっと続いているような状態になっているので、挙げやすい状況《じょうきょう》ではないかと思います。

今、東京ドームをはじめ、サッカー場でもどこでも、大型の施設はいくらでも使い放題です。私なども、自由に使わせていただけるのであれば、講演をさせていただきたいぐらいです。ただ、一律に使えないような感じになっているので、もうバカバカしくて見ていられない状況ではあると思います。

しかし、現実には、ウィルス感染をそれほど怖がる必要はないでしょう。

人間として、「メンタル」「フィジカル」の両面で強さを保て

現代には、一つの〝医学神話〟のようなものがあるため、「医者は魔法《まほう》のように病気を治せる」と思っているかもしれませんが、今回の感染症《しょう》は治せるものではありません。

みなさんは、インフルエンザでも、だいぶ騙《だま》されています。インフルエンザに対しては、毎年、予防接種の注射を打つ人が多いでしょう。ところが、インフルエンザのワクチンは、一年前に流行ったインフルエンザの型をもとにしてつくったものなので、その年に流行っているものの型とは合っていません。そのため、効き目はあまりないのです。

要するに、インフルエンザの注射というのは、精神衛生上、「ワクチンを打っているから、いけるのではないか」という思い、気持ちを持つためだけに、痛い

思いをしてお金を払《はら》っているものなのです。そのような状況なので、本当は、ワクチンがないのはほかの病気も同じなのです。

したがって、医者も治せないわけです。そのように、治せないものに対しては、自分の「免疫力《めんえきりょく》」を高め、「信仰心《しんこうしん》」を高めて、「やるべきこと」をやっていくしかありません。そして、「そのなかで寿命《じゅみょう》が尽《つ》き、天命が尽きて仕事が終わるなら結構」というぐらいのつもりでやっていれば、罹りはしないと思います。

私は、インフルエンザに全然罹らないのです。本当に罹りません。まったく罹らないし、罹る気がしないのです。実際にウィルスはたくさんいるのだと思いますが、罹りません。会社時代も罹らなかったし、今も全然罹らないのです。

そのように、「罹らないのに、痛い注射ばかり打つのは本当にバカバカしい」と思って、予防接種はもうやめてしまいました。そもそも、注射を打っても防げないのです。

結局、「基礎《きそ》体力」があって、「跳《は》ね返す力」があれば、少々のものは〝飛ばして〟しまえるのです。やはり、ウィルスは、弱っている人のところのほうに集中して集まってきます。「弱っている者にたかって、その人を殺す。死なせてしまう」という作用を持っているわけです。

そういう意味では、自然界と同じでしょう。狼《おおかみ》などが羊やヤギなどを襲《おそ》う場合も、だいたい、弱っているものや子供などを襲います。ウィルスも、弱い人のところにドドッとやって来て、強い人は襲わないのが普通です。

したがって、人間として、「メンタル（精神）面」においても「フィジカル（肉体）面」においても、強い状態を保つことが大事なのではないかと思います。

「死ぬときは死ぬ」――黙《だま》って耐《た》えず、やるべきことをやろう

大相撲《おおずもう》なども、春場所では、「感染者が一名でも出たら、中止にする」と言っ

ていましたが、それもバカバカしい話です。罹った人だけに休んでもらえばよいことで、中止にする必要はないでしょう。

おそらく、緊急事態宣言については、五月六日以降も延長するだろうとは思いますが、感染者がゼロや三名の所まで緊急事態の対象にされています。

これは、もう、いいかげんにしないとおかしくなってくるので、「緩《ゆる》めていくべき」だと思います。日本は、アメリカのように、外出禁止反対のデモをしたり、中国に集団訴訟《そしょう》を起こしたりするほどアクティブではないので、黙《だま》って耐《た》える傾《けい》向《こう》がありますが、やるべきことはやってください。

また、食べ物関係のお店なども、今は休業しているところが多いでしょうが、熱を加えて調理しているようなところなどは、それほど心配はないと思います。ウィルスは死んでいますから、営業すればよいと思うのです。なぜ閉めるのかが、私にも分かりません。

●緊急事態宣言については……　本書 p.23 参照。

それから、営業しているところは、椅子《いす》の数を減らしたり、空間を空けたりというように、政府などが統一的に言っていることを同じようにやっています。風通しをよくするとか、その他のこともあるのでしょうが、死ぬときは死にますので、そのように思ってもよいのではないでしょうか。

本当を言うと、お酒も一定以上の濃度《のうど》があると、消毒効果があるのです。あまり言うと、酔《よ》っ払いばかりになるといけないので言いませんが、本当は、お酒を飲むようなところは閉《と》じる必要はありません。「普段より度数の高いものを飲んでください」と言えば、うがい効果があって菌《きん》は死ぬのです。ただ、やや不謹慎《ふきんしん》なので、あまり言わないことにします。

〝巣ごもり〟をしている間にすべきこと

いずれにせよ、国も地方公共団体も、何も考えずにとにかく方針を出すので、自分で生きられる人は「生き延びる方法」を考え出し、サバイバルしてください。

それから、体は養生するに越《こ》したことはありませんが、「生《しょう》・老《ろう》・病《びょう》・死《し》」で必ず死ぬので、なるべくやり残しがないように、納得《なっとく》のいく人生を送ってください。

あるいは、合法的に、言われたことを守って〝巣ごもり〟を続ける人は、その間に、将来に必要になること等の準備をするとか、普段できないような勉強をするなど、自分のストックを高めることで、生産性を高めてください。

例えば、普段は読めないような名作を読むとか、次に仕事で必要となると思うような新しい業務知識等の勉強をすることです。次のためのいろいろな武器を準備する時期かと思うので、読書や教養ものの勉強等をするとよいでしょう。

ただ、ニュースなどに関しては、同じニュースばかりを何局も通して観続《みつづ》けたり、同じ記事ばかりを何誌も通して読み続けたりするのは、ほどほどにしたほうがよいのではないかと思います。今述べたような、あとに残るもののほうに時間を使ってください。

5 「宗教パワー」でサバイバルを目指す

霊障《れいしょう》や感染《かんせん》の予防にも効く、幸福の科学の音楽や映画

幸福の科学でも、ＣＤ等をだいぶ出していますが、私が作詞・作曲等にかかわっているものはすべて天上界《てんじょうかい》から受けたものなので、その旋律《せんりつ》のなかには「天上界の波動《はどう》」が入っています。したがって、これらをかけているだけでも、そうう、自分の霊体《れいたい》が天上界波動につながるものがあるので、こういうものを聴《き》いたりして過ごすとよいでしょう。

本当のことを言うと、今、幸福の科学から「RYUHO OKAWA ALL TIME《リュウホウ オオカワ オール タイム》 BEST《ベスト》 Ⅰ《ワン》・Ⅱ《ツー》・Ⅲ《スリー》」（幸福の科学出版刊）等のＣＤが出ているので、喫茶《きっさ》店などを

営《いとな》んでいるような人であれば、こうしたものでもかけておけば、十分に「霊障《れいしょう》」、あるいは「感染《かんせん》」の予防ぐらいにはなります。車のなかでかけても構いません。はっきりと嫌《いや》がって逃《に》げていくので、うつりにくくなると思います。

ただ、「●正心法語《しょうしんほうご》」をかけていると、信者以外の人は〝発狂《はっきょう》〟する可能性もあるので、あまり長くはかけられないかもしれません。ただ、「どうにかしてくれ」と言われたら、普通《ふつう》の不成仏霊《ふじょうぶつ》を成仏する手法とまったく同じなので、幸福の科学のものはどれでもすべて効きます。一般《いっぱん》的な祈願《きがん》も効きますし、お経《きょう》や音楽もすべて効くのです。

それから、映画館がたくさん閉まっていることも本当に心配していますが、幸福の科学も映画を数多くつくっていますので、映画館がガラガラになっていたら、当会の映画をすべてかけてもよいと思うのです。

何館かで「ゆったりとお座《すわ》りになってご鑑賞《かんしょう》ください」というようにしてもら

●「正心法語」　幸福の科学の根本経典《きょうてん》。三帰誓願者《さんきせいがんしゃ》（幸福の科学の三帰誓願式において、仏《ぶっ》・法《ぽう》・僧《そう》の三宝《さんぽう》に帰依《きえ》することを誓った人）にのみ授与される。大川隆法総裁が経文《きょうもん》を読誦《どくじゅ》しているＣＤも頒布《はんぷ》されている。

えれば、もう安心です。相乗効果《そうじょう》で、両方にとってよいのではないかと思います。みな、映画を観《み》ることができるし、距離《きょり》も開《あ》いているので密接でもないしというようなことで、よいのではないでしょうか。

映画の公開がたくさん潰《つぶ》れて、かからないぐらいなら、幸福の科学の映画でもかけておいてくれたらよいと思いますし、「会社に行くな」と言うのであれば、代わりに映画を観てくれたら、本当に効き目があるのではないかと思っています。

「自分が歩くと、道が掃《は》き清められる」と想像する

とにかく、本章で、私が述べていることは「善人のサバイバル術」であり、「信仰《しんこう》を持って正しく生き、世の中のためになりたいと思っている人が生き残れるような方法」です。

この反対の考え方を持っている人は、おそらく、肉体生命も惜《お》しいし、感染す

るのも怖《こわ》いし、周りがみな悪人に見えているはずです。「世間《せけん》は、自分を殺しに来ようとする悪魔《あくま》の塊《かたまり》」というぐらいにしか見えていないと思います。もしかすると、悪魔等も信じていないかもしれません。いずれにせよ、〝悪人の集まり〟に見えていることでしょう。

そして、勤め先等が潰れたあと、政府に「金をよこせ」と言ったり、「この世の中は間違《まちが》っている」と言ったりして、自殺をしたり、亡《な》くなったりするのではないかと思います。

ただ、不成仏霊はできるだけ増やしたくないので、安倍《あべ》首相あたりが空想しているような「毎日、空襲《くうしゅう》で透明《とうめい》な〝コロナ爆弾《ばくだん》〟がたくさん落ちている」といったことは思わないほうがよいでしょう。

むしろ、「世の中は、自分が歩いていくと、道が掃《は》き清められていく。ウィルスが周りにバーッと逃げて、道が開けていく」というようなことを想像してください。現実にそういう効果は本当にあります。どうか、そのように思ってください。

「正しい信仰心《しんこうしん》」で「正しい布教《ふきょう》」を推《お》し進めることが大事

家庭では密室に家族だけがいることもあって、ＤＶ（家庭内暴力）等も流行《はや》っているとのことですが、それは普通に起こりえることでしょう。

学校はガラガラなのですから、子供を預かればよいものを、預かってはくれないので、放課後に子供を預かる小さな施設《しせつ》にばかり子供が集まっています。ただ、そういうところもだんだんと怖がられるようになったので、今度は小さな児童遊園等に子供が集まり出し、大人まで行き始めると、そこが混雑するといったこともあるようです。

また、「体のためには、たまに歩いたり走ったりしてください」などと言われるので、日曜日の午後から夕方ごろになると、そういう人がけっこういるのです。

都内でも外国人が多く住んでいる地域などは、マスクをつけて走り回っている人をよく見かけます。彼らがゾンビのようにゾロゾロと大勢で歩いているのを見ると、ちょっと普通ではない雰囲気《ふんいき》があり、何となく怖い感じがしなくもありません。

とにかく、通常ベースに戻《もど》せそうなものは、なるべく戻してください。幸福の科学の職員は、いまだに通常の仕事をしています。外部での大きな行事ができないのが少々残念ではありますが、できることは普通にやっていってください。

もし、時間が余っているのであれば、仏法真理《ぶっぽうしんり》の勉強等をしっかりとするなどして蓄積《ちくせき》をつくり、〝将来の戦闘《せんとう》のための材料〟をつくるとよいでしょう。

私は法話《ほうわ》や霊言《れいげん》の収録をしたり、原稿《げんこう》の校正をして本をつくったりしています。毎日のように仕事を詰《つ》めている状態なのです。こういうときだからこそ、〝戦うための材料〟を数多くつくっておいたほうがよいと思って、つくっています。

幸福の科学関連のものは、あらゆるものに効果があります。「絵本」でも効果がありますし、「歌」でも効果があるのです。

こういうところを、悪い意図で行《おこな》っていると思われないように、言い方には気をつけなければなりませんが、「正しい信仰心《しんこうしん》で、正しい布教《ふきょう》を推《お》し進め、世の中を〝除菌《じょきん》〟していく」ということが大事なのではないかと思います。

それから、経済対策については、国や地方自治体の言うことをあまり信用しないほうがよいでしょう。お金でもくれるのであれば、それは結構なことではありますが、お金をくれようがくれまいが、自分のところが生き残っていけるように考えてください。業務の形態やＰＲの仕方、その他のことを考えて、生き残っていけるようにしてください。

幸福の科学のコロナ関連書籍《しょせき》は、世間《せけん》のニーズに合っている

たまたま今日（四月二十二日）の朝日新聞を見ていたら、わりあい前のほうの紙面に五段抜《ぬ》きで幸福の科学の書籍《しょせき》広告が載《の》っていました。最近発刊された『コロナ・パンデミックはどうなるか』や、宇宙人も登場するもので、すでに何度も増刷されている『中国発・新型コロナウィルス感染 霊査《れいさ》』等が広告に載っていたのです。同書は、これまで朝日新聞には載っていませんでしたが、とうとう掲載《けいさい》されたわけです。

新型コロナウィルスがこれだけ広まってしまうと、多くの人が関心を持つので、「買う人が出る」と分かるからでしょうか、「中国発・新型コロナウィルス感染 霊査」と書

『コロナ・パンデミックはどうなるか』（幸福の科学出版刊）

『中国発・新型コロナウィルス感染 霊査』（幸福の科学出版刊）

いてある書籍や、日本の神様とエドガー・ケイシー霊のリーディングなるものを収録した書籍まで広告が載り出したわけです。

やはり、毎日毎日、コロナ関連のニュースを観ていたら、こうなるでしょう。世の中が、「言論の自由、信教の自由から見れば、最後は、宗教的なものであっても本を出版して広告するのは当たり前だ」と思うようになってきているなら、ありがたいことです。

幸福の科学の祈願《きがん》は、ウィルスから見ると「未知の攻撃《こうげき》」

先日、朝日新聞社と提携《ていけい》している「ニューヨーク・タイムズ」に、幸福の科学のことが一ページぐらい載りましたが、案《あん》の定《じょう》、「本当か？」という感じで皮肉を入れて書いていました。

要するに、幸福の科学北米本部のニューヨーク支部が〝お元気〟で、ほとんど人がいないタイムズ・スクエアに集まって、「エル・カンターレ ファイト」を切ったりしていたのです。これは、私たちから見ても、まあ、「大丈夫《だいじょうぶ》か?」と思うところはあろうと思うのです。

ところが、それを見る人たちがいなかったので、撮影《さつえい》した動画をYouTube《ユーチューブ》で流したりしたようなのですが、記者がそれに食いつき、記事に書いたわけです。

ただ、私も、「彼らの『エル・カンターレ ファイト』でニューヨーク市内の新型コロナウィルスが全滅《ぜんめつ》するか」を保証する自信はありません。

また、その新聞社にも、「本当に、〝信仰による免疫《めんえき》〟でコロナを撃退《げきたい》できるのか。完全に否定しているわけではないけれども、本当に本当か?」と訊《き》きたいところもあるのだろうと思います。

コロナ感染によってすでに多くの人が亡くなっているので、もし本当に撃退できるのであれば、ありがたい話でしょう。

●エル・カンターレ ファイト　幸福の科学における悪魔祓《ばら》いの修法《しゅうほう》のこと。

しかし、「有料で祈願《きがん》を受け付けているのはおかしい」かのような書き方をしていましたので、それに対しては、やはり病院も有料でしょうし、「ニューヨーク・タイムズ」も有料でしょうから、言うようなことではありません。

また、誰《だれ》もいない所で「エル・カンターレ　ファイト」を切っている当会の講師たちにも俸給《ほうきゅう》は出ているので、多少は奉納《ほうのう》してもらわなければ困るところもあるわけです。まったく出さないと国際本部も潰れてしまうので、もっと活動を活発化しなければいけないとは思っています。

それでも、「命」と交換《こうかん》なら安いものでしょう。信じれば治ります。信じない人は治らないかもしれません。

でも、信じていない人にも治ったという効果は出ているのです。

その治ったという本人は、信者ではないアメリカの人ですが、日本にいる信者のきょうだいが、「中国発・新型コロナウィルス感染撃退祈願」を受けたら、「陽性」の反応が消えてしまったという話も出ているので、意外に効くものだと思います。

祈《いの》りは必ず通じるので、ウィルスのほうから見たら、体をコピーしてどんどん増殖《ぞうしょく》しようとしているときに、いきなり光がガーンと入ってくる感じになるわけです。それは、あちらにとっては「未知の攻撃《こうげき》」になるので、〝逃げ出す〟ものもいるということです。ほかの人体のほうが居心地がよいので、そちらに移動し始めるでしょう。

ですから、その効果はあります。やはり、〝ウルトラマンのスペシウム光線〟のような効果はあるように思いますので、どうぞお使いください。

そのように、「まだ使っていない力」が人間にはあるということです。

善なる心を持つ人は、「宗教パワー」でサバイバルを

本章では、「コロナ不況下《ふきょう》のサバイバル術」について述べました。

無信仰であったり、マスコミが神のごとく宣《のたま》っている〝ご託宣《たくせん》〟を百パーセント信じていたりする人たちにとっては、変なこと、不思議なことを言っているように思えるかもしれませんが、そうしたことは、今までの三十数年間の体験から見ても本当だということを、私は知っています。

以前、私の娘《むすめ》が山へ行ったときに、麻疹《はしか》に罹《かか》ったことがありました。そのときにも、触《さわ》ると、小さいものがゾロゾロと移動して動いていくのを感じたことがあったのですが、『正心法語』のCDをかけたら逃げ出していったのです。本当にゾロゾロと逃げ出していきました。ウィルスにとってもやはり嫌なのです。

ですから、効くと思います。どうせ、コロナも麻疹もみな、ウィルスというこ

とでは同じなので、逃げていくと思います。

ウィルスも「嫌か、嫌でないか」の判断ぐらいはできるということです。自分たちがいるべきところではないというものであれば、効くということでしょう。

どうか、「宗教パワー」でサバイバルしてください。

今後も、政府や地方公共団体等で、いろいろな法令をつくり、さまざまな〝締《し》め上げ〟等をすると思いますけれども、必要なことがあれば、私のほうからも、適宜《てきぎ》、意見は述べていきたいと思います。

「善なる心」を持っている人は、何としてもサバイバルしてほしいと思います。簡単に潰れないでください。そうお願いしておきます。

第2章

免《めん》疫《えき》力《りょく》を高める法

二〇二〇年二月十五日　説法《せっぽう》
幸福の科学 特別説法堂にて

1 本法話《ほうわ》はウィルスへの「法力《ほうりき》によるワクチン」

免疫力《めんえきりょく》の低い人が亡《な》くなりやすい新型コロナウィルス

今、『中国発・新型コロナウィルス感染《かんせん》 霊査《れいさ》』（前掲《ぜんけい》）という本を出しております。

内容にやや特殊《とくしゅ》性があるので、「新聞に広告が載《の》らないかもしれない」と心配していたのですが、全国紙では、今朝《けさ》の産経新聞に、いちおう五段抜《ぬ》きで載ったので、少しは載るかと思います。載らないところもあるとは思いますけれども、ほかのマスコミにはまったく書いていないことがこの本には入っているので、「信じられるか、信じられないか」という面はあるだろうと思います。

今日は、宇宙人の話をすることが趣旨《しゅし》ではございませんので、そちらの話はしませんけれども、この本では、中国発の新型コロナウィルスを分析《ぶんせき》し、「これは、単に敵を殺すためだけの細菌《さいきん》兵器、生物兵器として開発されたものではない。八十歳《さい》以上の高齢者《こうれいしゃ》や障害がある者、病気に長く罹《かか》っている人、免疫力《めんえきりょく》の低い人が感染すると、死にやすいウィルスらしい」ということも霊査で突《つ》き止めております。

「ああ、こういう手もあるのか」と驚《おどろ》いたのですが、おそらく、中国が公式にこれを肯定《こうてい》することは、国としてはないと思います。

日本は高齢社会になっていますが、中国も同様です。中国は「一人っ子政策」を長くやっていました。人口は十四億ぐらいですが、「子供一人に親二人」だと、だんだん年寄りが増えてきます。

五十代か六十歳《さい》前後で定年になると、そのあと、いちおう年金が支払《しはら》われることになってはいます。ただ、長生きをすると、昔は、「長寿《ちょうじゅ》は珍《めずら》しい」ということで、お祝いをされたのですが、今は嫌《いや》がられると思うのです。特に、社会主義的な傾向《けいこう》が出ている国では、福祉《ふくし》を中心にし、全体で面倒《めんどう》を見るような考え方がとても強いので、長生きをされると、税金による負担がすごく高まります。

そのため、本音としては、「できたら、年金受給資格が生じてからあとは、早めに死んでいただけるとありがたい」という不謹慎《ふきんしん》なことを考える人がいても、おかしくはないと思います。

そういうときに、人を殺したり事故に遭《あ》わせたりするのは、見た目がよくありません。ところが、インフルエンザが流行《はや》ったり、悪性のウィルスのようなものが突如《とつじょ》流行ったり、新型ウィルスが流行ったりして、「ワクチンができておらず、大量に死にました」ということになると、誰《だれ》の責任でもないことになります。

「どこかのコウモリか豚《ぶた》か鶏《にわとり》か何かがウィルスを運んできたかもしれない」とい

うことで、〝原因不明〟のままになります。

二〇一一年公開の映画「コンテイジョン」（ワーナーブラザース）では、香港《ホンコン》発のウィルスによる感染症《しょう》が描《えが》かれています。マット・デイモンが出ている映画です。そのウィルスは、どうも、コウモリ、豚から人間へと来たものらしいのですが、アメリカに二百五十万人もの死者が出て、全世界に広がっていくのです。

そういう映画があるのですが、今、新型コロナウィルスが流行っているため、「ちょっと似ているのではないか」ということで、これを観《み》る人が増えてきていると聞いております。

対抗《たいこう》として、宗教的な「法力《ほうりき》によるワクチン」をつくる

かたちを変えて、いろいろなものが起きてくる可能性はあります。

通常、冬の季節にはインフルエンザ等が流行りますし、その他の感染症や、免

疫系の崩壊《ほうかい》によって、死亡に至ったり重体になったりするケースも多々あると思います。

そこで、本法話では、新型コロナウィルスだけではなく、このあたりへの〝対《たい》抗《こう》ワクチン〟として、宗教的な「法力《ほうりき》によるワクチン」をつくっておこうと思います。

そういうニーズがおありの方、すなわち、「やられそうだな」とか、「罹りそうだな」とか、「来るかも」とか、「長引いている」とか、そのように思う方は、本法話を観たり聴《き》いたりするとよいでしょう。支部や精舎《しょうじゃ》等でかかると思うので、それを観るなり、あるいは、CDを聴くなりDVDを観るなりすれば、おそらく効くであろうと思います。そういう意味では、本法話は特別な趣旨も兼《か》ねており

「免疫力を高める法」CD・DVD（共に宗教法人幸福の科学刊）

ます。

（病気等の原因は）ウィルスとは限らないのです。悪霊《あくれい》や悪霊《あくりょう》といわれるものが憑《つ》いている場合もあるからです。

とりあえず、「生きている人間に取り憑いて、その人に病変を起こそうとしたり、その人を死に至らしめようとしたりしているもの」や、「免疫系を破壊して長生きできないようにさせようとするもの」に対する抵抗力《ていこうりょく》をつける目的で、話をしております。

2　恐怖心《きょうふしん》を去り、明るく快活《かいかつ》に生きよう

ウィルスの感染《かんせん》は、基本的に「憑依《ひょうい》の原理」と同じ

（ウィルスの感染《かんせん》の仕組みは）いちおう「憑依《ひょうい》の原理」と同じです。ウィルスはとても小さいものですけれども、いちおう憑依の原理とほとんど同じなので、これを取り、追い出すのも、同じ原理が基本的に働くのです。

例えば、テレビで「誰《だれ》それが死にました」というニュースが流れ、死んだ人の顔を出されて、私がそれを観《み》ていると、その人の霊《れい》がヒョイッと私のところに来ることもあります。

今は、毎日、ウィルスのニュースを観ているので、「そのうちにウィルスがゾ

ロゾロッと来るのではないか」と、こちらも心配になってきています。「ウィルスには羽が生《は》えていないから、そんなことはないかな」と思いつつも、毎日観ていると、だんだん、来そうな気がしてきたのです。

こういう感染では、「何らかのつながり」をつくることでウィルスが来ることもあるので、要注意です。

ウィルス等は、接触《せっしょく》してうつるのが基本です。咳《せき》をしている人からうつることもありますし、その人が触《さわ》ったものとか、手すりや吊《つ》り革とかを触って、ウィルスが自分の手に移り、その手で顔を触ることで、うつることもあります。「人は一日に何百回も顔を触る」と言われているので、それでうつることもあるわけです。もちろん、空気感染でうつることもあります。

恐怖心は「恐《おそ》れるもの」を引きつける

香港《ホンコン》は（デモ等で人々が）よくマスクをしていたところですが、香港の人のなかには、「バレンタインデーには、チョコレートではなくてマスクを送ってくれ」と言っている人もいます。また、「同じマンションだと、排気口《はいきこう》を通じて、別の階にいても感染する」などと考え、けっこう恐怖を感じているようです。

今、「恐怖」という言葉を使いましたが、実は、感染は恐怖と関係があるのです。

ウィルスが〝憑依〟し、取り憑《つ》いて体を蝕《むしば》んでいく前に、何があるでしょうか。爆発的《ばくはつ》に流行《はや》っていくものの場合、毎年のインフルエンザの流行もそうですし、今回の新型コロナウィルスの感染もそうですけれども、ウィルスがうつる前に「恐怖心」のほうが先に広がっていくのです。

恐怖心は、「恐《おそ》れるもの」を引きつける癖《くせ》があるので、気をつけないといけません。

恐れている人ほど、人混みなどに入ったりします。また、そういう人は、インフルエンザで咳をしている人がクラスに一人いたりすると、普通《ふつう》の人がまだ罹《かか》っていないうちに、早くも罹ることがよくあります。

恐怖心はなぜ起きるのでしょうか。

恐怖心は、もちろん、ホラーの要素の一つでもありますが、地獄《じごく》にも頑固《がんこ》にある要素の一つです。ですから、いわゆる悪霊《あくれい》や悪魔《あくま》、死霊《しりょう》が取り憑き、その人に対して、病気にしたり、事故を起こさせたり、死なせたりするときでも、やはり、取っ掛《か》かりは恐怖心であることが多いのです。

その人が恐怖心を持つことによって、そこに〝取っ掛かり〟ができ、悪霊等が入ってきます。ドアや窓を開けてしまうと、そうしたものが入ってくることは多いので、ある意味では、これと対抗《たいこう》しなくてはいけないのです。

地獄には恐怖心がたくさんありますが、天上界《てんじょうかい》には恐怖心は普通はほとんどありません。そこは、みんなが伸《の》びやかに神経を伸ばして生きていられる世界です。したがって、あまりにも心配性《しょう》な人や、悪いことばかりを常に考えるような人は、気をつけなくてはなりません。

細《こま》かい勉強をしすぎた人の場合、そういう傾向《けいこう》も強いので、「問題を解くのに失敗して、間違《まちが》うのではないか」と考えたりしますし、役所仕事的なものでも、「間違うのではないか」と考えたりします。研究者にも、細かい人はいっぱいいいると思います。

そうした心配性から恐怖心が強いタイプの人には、あちら（悪霊等）から見ると憑依しやすいところがあるので、気をつけなければいけないと思います。

「オーラが出ているようなタイプ」は憑依しにくい

憑依しにくいのはどういう人かというと、基本的には、宗教的に言えば、「オーラが出ているようなタイプの人」です。

オーラと言われても分かりにくいかもしれませんが、例えば、寺院へ行けば、お寺の御本尊《ごほんぞん》等には、「光背《こうはい》」という後光《ごこう》が射《さ》しているようなものがあります。法話の際、私の後ろにあるものは光背に見立てたもので、金色の光が出ているようなものになっています。

オーラは、ある程度の悟《さと》りを開いた人にも出ますが、悟りに向かって精進《しょうじん》している人や、世の人々に対して愛を与《あた》えていこうとする人、奪《うば》うほうではなく与えるほうで、「人々によかれ」と思うことをしている人、心に常に善念を持って生きている人からは、自家発電のようにポッポッと光が出る感じがするのです。

霊眼《れいがん》が開けてくると、その人の肩《かた》の上にちょっと高く光が出たり、頭の後ろ側に被《かぶ》さるように、もう一回り大きな光が出たりしているのが視《み》えます。説法《せっぽう》でときどき述べたことがありますけれども、以前、次のようなことがありました。

私は、会社に勤めていたころ、疲《つか》れたら、トイレに行き、人がいない場合には、鏡を見ながら特定の高級霊の名前を心のなかで呼び、短い時間ですが、「○○さん、どうぞ光をお与えください」というようなお祈《いの》りをしていました。

そうすると、上から頭の上に光の柱のようなものがボウーッと降りてきました。円筒形《えんとうけい》の光が降りてくる感じが鏡に映っていて、それが視えたのです。

これは霊眼なので視えるのだろうとは思いますが、そのように光が降りてくる感じがありました。

「悪霊がいるとき」とか、「心がダメージを受けて傷ついているとき」とか、

「失意のとき」とか、「落ち込《こ》んでいるとき」とか、そういうときに「光」を入れると、急に明るくなって、後光が出るようになるのです。それで、「ガソリンを入れたようになり、もう一度、元気になって出てくる」という感じでしょうか。

そういうことをやっていたことがあります。

明るく快活《かいかつ》で、積極的で、肯定的《こうてい》で、建設的なものの考え方を

天上界の光を呼び込んでもよろしいのですが、そういう、心の操縦法をまだ知らない方の場合には、要するに、「地獄にあると思われるものと反対のものを出していく」ということが根本《こんぽん》です。「明るく快活《かいかつ》」で、「積極的」で、「肯定的《こうてい》」で、「建設的」なものの考え方をするようにするのです。

ほかの人に対しても、暗い面ばかりを見ていったり、悪口ばかりを言ったりしている自分を知ったら、その反対の考え方を持つことが大事です。

「あの人にだって長所があるのではないか」とか、「先ほどはきついことを言われたけど、そのなかには汲《く》むべきことがあったかな。自分にも、考えを改めて、やらなくてはいけないことがあったかな。そういうふうに言われることにも意味はあったかな」とか、このように思うことで、逆に、〝釘《くぎ》のように打ち込まれているものが抜《ぬ》けていく〟ことがあるのです。

3　ウィルス感染《かんせん》の霊的《れいてき》実態

ウィルス系の病気対策は、悪霊撃退《あくれいげきたい》と変わらない

それから、今回のような小さなウィルス系の感染《かんせん》の場合、私がはっきりと体験したのはだいぶ前ですが、次のようなことがありました。

私の子供たちが小さいころ、夏に山のほうへ静養に行って、ログハウスのような所に泊《と》まったのですが、そのときに、麻疹《はしか》に罹《かか》った子供がいました。診療所《しんりょうじょ》に行って診断してもらったら、珍《めずら》しいのですが、麻疹に罹っていたのです。

そのときに、その子の近くに行ったり触《さわ》ったりすると、何か、本当に小さい小さいものが、ゾロゾロゾロゾロゾロゾロッと手の上を撫《な》でていくように動いていてい

る感じがありました。「これは、小さい小さい小人《こびと》のような、小人の小人の小人のようなウィルスが本当に生きていて、集団移動するんだ。ああ、これが感染していく理由なんだ」ということが分かったのです。

そういう意味では、基本的に、こうした病気の対策も、本当は悪霊撃退《あくれいげきたい》と変わりません。「光で追い出す」ことは可能だと思います。麻疹の場合、そのようなことがありました。

感染の流行時には、その中心に「不成仏霊《ふじょうぶつれい》」がいる

あとは、インフルエンザなどの場合、あるいは、インフルエンザだけでなく風《か》邪《ぜ》もそうですが、「他人《ひと》にうつしたら治る」というように、よく言われています。これは、本当に、「嫌《いや》な言い方だな」と思いますが、実際、そういった面がないわけではありません。

そうした、ものすごく悪性の風邪やインフルエンザが流行《はや》っているようなときというのは、小さなウィルス等の塊《かたまり》が、たくさん、パカッと憑《つ》くことがありますが、その中心がある場合があるのです。実は、非常に悪いもののときには、その中心部分に人霊《じんれい》がいる場合があって、それはたいてい不成仏霊《ふじょうぶつ》なのです。

今は病気で死ぬ人が多いので、そうした霊が「この世に何か不幸を起こしたい」とか、「自分に関係がある人などにうつしたい」というように思っている場合があって、中心があることがあります。その中心に、たくさんのウィルスが塊になってついていているわけです。

そのため、中心の人霊がパカッと取り憑くと、みな一緒《いっしょ》になって〝引っ越《こ》してくる〟ような面がありますが、これも私は明確に経験しています。

普通《ふつう》、強度の悪性の風邪やインフルエンザなどのときには、一週間ぐらい熱が出たりして、ウンウン言うことがあるでしょう。

そのように、熱が出てウンウン言っているようなときというのは、病院か自宅で寝《ね》ることで熱を下げようとすると思いますが、一緒になって発熱して、重体でウンウン言っている病人（憑依霊《ひょうい》）が入り込《こ》んでいる場合があるのです。

それは、免疫力《めんえきりょく》が下がり、生きていく力も弱っている状況《じょうきょう》で、食欲もなくなって活動力も落ちているときだと思いますが、そうした存在を感じることはときどきあると思うのです。自分でウンウンウンウン言って汗《あせ》を流しているときに、「あれっ？　これは自分がウンウン言っているのかな。それとも、誰《だれ》かほかの人が言っているのかな」と思うようなときがあると思いますが、実際、本当に憑依霊が入っている場合があります。

ただし、今のように、非常に感染が流行っているときというのは、単に、亡《な》くなった親やおじいさん、おばあさん、きょうだいなどの身内だけでなく、〝不特定多数のもの〟がゾンビのようにたくさん人に取り憑いていたりします。これは、他の人を苦しませると、やはり、向こうも苦しみを一部移せるのと同時に、看病してもらえたり優《やさ》しくしてもらえたりするからです。

そういった人は、あの世へ還《かえ》って食べ物を食べていないし、水も飲んでいないような状態が長く続いています。そのため、「優しくされているような気になる」というようなことがあって、そうした経験をしたいのです。この世の人に優しくしてもらいたいわけです。そういう意味で取り憑く場合があります。

病院などでは人がたくさん死にますので、そういった予備群はたくさんいると思います。したがって、「罹りやすい人から罹っていく」というようなこともあると思うのです。これは気をつけないといけません。

法力《ほうりき》があれば、「ウィルスをつけた悪霊」を他人に入れられる

逆に言うと、私のように法力《ほうりき》を持っている場合には、「あっ、ウィルスをたく

さんつけた悪いものが、先ほどペタッと憑いたな」と思ったら、(聴聞者《ちょうもんしゃ》の一人を指して)「○○さんのほうへ行け!」と言うと、スポッとあちらへ入ってしまいます。

そして、「あっ! 軽くなったな」と思ったら、その人とは距離《きょり》を取って遠ざかっていればよいわけです。あとは、そちらのほうで一日持って、頑張《がんば》ってもらわなければいけません。

もちろん、こういう法力の使い方はあまりよろしくはないのですが、こちらも忙《いそが》しくて、早く回復しなければいけない急用がある場合はしかたがありません。「暇《ひま》そうな人」というか、「あの人は、少々、一週間ぐらい寝込んでも構わないかな」と思うようなところに「行け!」と言ったら行く場合もありますが、悪用はしないでください。しかし、実際に行く場合はあります。

4　心身《しんしん》のコンディションを整える

ワクチンが開発されても、効くかどうかは分からない

また、これも私の子供の例なのですが、わが家では、インフルエンザの予防注射を毎年打っていました。

ところが、子供の一人が十二月に予防注射を打ったのに、一月にインフルエンザに罹《かか》って、ものすごく発熱したことがありました。そのため、病院で「インフルエンザです」と言われたときに、「それは〝詐欺《さぎ》〟ではないですか。この前、予防接種を打ったのに、なぜインフルエンザになるのですか」と病院の先生に言ったのです。

そうすると、その先生は「いや、インフルエンザというのは前の年に流行《はや》ったインフルエンザのウィルスからワクチンをつくっているので、前の年の型に対抗《たいこう》するワクチンであって、〝今年流行る型のワクチン〟はできていません。今年流行る型に対抗するワクチンは、来年にはできますが、今年はできないのです」というようなことを言うわけです。

それで、「それは詐欺ではないですか。そんな効かないような予防接種を打ってどうするのですか」と言うと、「効く人もいるのです」というようなことを言いつつも、「ただ、型がだいぶ違《ちが》う場合は合いません」などと言ったりして、〝言い逃《のが》れ〟し放題なのです。

それは、毎年違う型のワクチンができるでしょう。しかしながら、私はそれを聞いてから、もう予防接種はやめました。前の年の型からワクチンをつくっているようでは、そのようなものを打ってもしかたがないでしょう。

●インフルエンザというのは……　医薬品開発において、ワクチンは、「前年に流行したウィルス」をもとにしつつ「流行予想株」も加え、「その年に流行しそうな型」を予測して開発してはいるが、ウィルスが頻繁に変異するため、ワクチンを接種したからといってインフルエンザの感染を完全に防げないのが現状である。

私は、もともと罹らないのですが、ドクターがいるため、いつも連れていかれて打たれていたのです。しかし、「痛い思いをするだけで、効かないのであれば、打ってもしかたがないだろう」と思って、今は打っていません。そのように、「前の年の型のワクチンだから」などと言っているようでは効かないでしょう。

また、新型コロナウィルスについても、まだワクチンはできていませんが、「早くて半年から数年ぐらいかかる可能性が高い」と言われています。したがって、ほぼ全員が罹り尽《つ》くしたころ、感染《かんせん》が終わったころに出来上がるでしょう。そして、「同じ型が出てくれば、効くこともありえるが」ということになろうかとは思います。

偏《かたよ》った食事をやめて、バランスよく栄養を摂《と》る

そういう意味では、そうしたワクチンができれば、多少、効き目があることも

あるのでしょうが、そこまで行かない場合には、一般《いっぱん》的な方法を試みるのがよろしいかと思います。

まずは、「体力が落ちている」「精神的に弱っている」というようなことが大きいこともあるので、そのあたりのコンディションから整えていくことが大事です。そのためには、食事等において、バランスよく栄養を摂《と》ることが大切でしょう。

あまりにも無理をしている場合、要するに、「体型を変えよう」とか、「かっこよくしよう」とか思って、「野菜しか食べない」とか、「肉しか食べない」とかいうように偏《かたよ》った食事をしている場合もあると思います。

あるいは、今はどうなっているかは知りませんが、「体をかっこよくする」ということが流行っているため、「肉しか食べずに炭水化物を抜《ぬ》く」とか、「糖質を摂らない」とかいうことが言われていたこともありました。

これについては、私は最初から、「少し危ない」と思ってはいたのですが、少しずつ、そう言われ始めてはいるようです。やはり、肉だけでは摂れないものがあります。頭脳のエネルギーは、ブドウ糖しかありません。ブドウ糖がガソリンなので、ブドウ糖を摂らなければ、勉強したり、本を読んだり、仕事をしたりするときに頭が働かないのです。肉だけでは働かないわけです。

したがって、糖分そのものを摂るか、それ以外には、炭水化物を摂る必要があります。そうすれば、体のなかで化学変化して糖分になるので、頭に栄養が行くわけです。

そういう意味では、やはり、極端《きょくたん》なことはしないほうがよいでしょう。今は、そうした、「肉だけを食べて体格を筋肉質にする」というようなことをやっている人もいますが、少し危ないと思います。

「体だけ動けばいい」という人はそれでもよいのかもしれませんが、頭を使う人の場合は、どうしても糖分が不足するでしょう。最初は自分の体のなかに蓄積《ちくせき》しているものを溶《と》かして使うのだと思いますが、そのうち、その〝在庫〟がなくなってきたら、体が弱ってくるはずです。

また、「野菜だけを摂る」というのも、今度は逆に、タンパク質などが不足することもあります。もちろん、動物によっては、牛やウサギなどのように、草だけを食べていても肉ができるようなものもあるでしょう。しかし、人間は、まだそれほど上手にはできていませんし、雑食性に創られているので、自分で必要なものはきちんと摂ったほうがよいと思うのです。

5　アレルギーの霊的《れいてき》原因と対処法

「反省」と「努力」でアレルギーが治った幸福の科学の女性歌手

今日の法話《ほうわ》に直接関係があるかどうかは分かりませんが、最近、幸福の科学の歌を歌った、当会のタレント系の事務所に所属している女性歌手に、次のようなことがありました。

彼女は、前に違《ちが》う人が歌っていた歌を歌い直す機会があったため、「これは、天使に同通しなくてはいけない。天国の光を引かなくてはいけない。光が入らなくてはいけないのだ」と思って、一生懸命《いっしょうけんめい》、反省したり心を清めたりして、努力して歌の練習をしていたそうです。すると、長年患《わずら》っていた卵などのアレルギーが治ってしまったのです。

以前は、そういったものを少しでも食べたり感じたりすると、すぐにアレルギー症状《しょうじょう》が出るほど重い食物アレルギーのある人だったそうです。若い女性ですが、「それが治ってしまった」という事例が出てきました。そうしたアレルギーも、治ることがあるのです。

「前世《ぜんせ》の恐怖《きょうふ》体験」がアレルギーの原因にもなる

そのような場合、憑依霊《ひょういれい》の影響《えいきょう》でそうなっていることもあれば、過去世《かこぜ》の体験が出てきていることもあります。

前世《ぜんせ》でとても嫌《いや》な体験や恐怖《きょうふ》の体験などをした場合、何かデジャヴ（既視《きし》感）のように、そうした目に遭《あ》ったり、そうしたことに出合ったり触《ふ》れたり、経験したりすると、すごく恐怖を覚えるようなことがあるのです。

例えば、「とても水が怖《こわ》い」という人がいます。「川が怖い」とか、「谷が怖い」とか、「池が怖い」とかいう人です。そうした人の場合、やはり、前世で水難などに遭って亡《な》くなったような人が多いのです。

また、火が怖い人もいます。火事等で亡くなった人の場合、やはり、その経験が魂《たましい》に焼きつけられるので、「火を見ると、とても怖い」というようなことがあるわけです。

あるいは、「鳥が怖い」とか、「鶏肉《とりにく》が怖い」とか、「『鳥』と名が付けば、みな怖い」という人もいますが、これも、おそらく鳥関連で何かがあったのだろうと思います。

「迷信《めいしん》の世界」に生きていると、体が本当に反応することがある

ちなみに、迷信《めいしん》深い時代、江戸《えど》時代等だと、「四足《よつあし》のものは食べてはいけない」

とか、いろいろなことがありました。そのため、何かそうした関連で、「食べて具合が悪くなった」とか、「処罰《しょばつ》された」とかいうようなことがあった場合には、そういったものでも反応することはあると思います。

あるいは、明治の時代でも、「牛乳を飲んだら、頭から角《つの》が生《は》えてくる」というようなことがけっこう言われていました。ほんの百数十年前ですが、「人乳なら生えてこないけれども、牛乳を飲んだら角が生えてくる」ということが、本当に、まことしやかに言われていたのです。また、「牛鍋《ぎゅうなべ》を食べるのも危ない」と言われていたこともあります。

そのように、「迷信の世界」に生きていると、そのときには、そのまま信じて、本当に反応してしまう場合があります。

例えば、私が読んだことのある話ですが、アフリカには、「バナナを食べると死ぬ」と思っている部族がいるらしいのです。これにどのような根拠《こんきょ》があるのかは分かりませんが、そういった刷り込《こ》みが入っていると、「実は、先ほど食べた食べ物のなかには、バナナが入っていたのだ」ということを聞かされた瞬間《しゅんかん》に、パターッと失神してしまうということがあるそうです。

自分の持っている「知識」や「経験」によって、アレルギーが出ることがある

宗教によっては、「豚肉《ぶたにく》を食べてはいけない」とか、「牛肉を食べてはいけない」とかいうこともあるでしょう。

インド人に多いヒンドゥー教徒は、「牛は神様の乗り物なので、牛肉は食べてはいけない」と考えています。そのため、牛が道路の真ん中で寝《ね》ていても、車で轢《ひ》けません。

イスラム教徒のほうは、パキスタンなどでは、「豚は不浄《ふじょう》なので食べてはいけ

ない」ということになっています。

そういう人の場合、豚や牛《ぎゅう》を食べただけで反応が出ることもあります。あるいは、牛肉を食べていなくても、ご飯《はん》を食べたあとに、「先ほどの料理に使ったフライパンは、実は牛のステーキにも使ったものだ」ということを聞いただけで、たちまち症状が出たり、食事のあとに「豚」と聞いただけで出たりすることもあります。ですから、わりと精神的なものなのです。そして、ときにはショックで本当に死んでしまう人がいるので、怖いことは怖いわけです。

また、あるイラン人の本を読んでいたら、次のような話が書いてありました。

あちらも豚肉を食べてはいけないのですが、その本の著者が、日本に来てトンカツを食べたところ、極上《ごくじょう》の味だったので、「こんな戒律《かいりつ》は守っていられない」ということで、トンカツを食べ切ったというのです。そして、親にも一回食べさせてやりたいと思い、トンカツを食べさせたけれども、「豚だ」と言ったらいけないので、「これは何の肉だ」と訊《き》かれても、息子《むすこ》のほうは「ムササビの肉だ」と言ったそうです。それで、親も〝ムササビのフライ〟だと思い、「うーん、実においしい」と言って、食べて帰ったということでした。これも、「豚だ」と言ったとたんにどうなったかは分からないということです。

このように、持っている「知識」や「経験」等によって、アレルギーや、精神的ショックによる病気、心臓麻痺《まひ》などといったものが起きることもあります。「タブー」や「迷信」等によって刷り込まれていて反応が出る場合には、どうか、仏法真理《ぶっぽうしんり》に照らして、アレルギーや悪性の反応が出ないようにしていくとよいと思います。

動物にも霊体《れいたい》はある

もちろん、命あるものを食べるということが、宗教的にはよろしくないという考え方はあります。

仏教では、托鉢《たくはつ》に行って、在家《ざいけ》の人の食事の残りを頂いていましたが、そのなかには、在家の人が食べるものはみな入っているので、実は、菜食主義ではなく、肉も食べていました。そういうこともあるので、その場合はありがたく頂いて食べていたわけですが、「三種の浄肉《じょうにく》」といって、「こういうことを知っているものは食べてはいけない」というものもあります。それは、「お坊《ぼう》さんに出そうと思って殺した生き物の肉」であり、「殺すところを見た生き物の肉」や、あるいは、「自分に供養《くよう》するために殺されたものだと知っている肉」などは食べてはいけないという規律があるのです。

ただ、霊的《れいてき》に言えば、お坊さんと言わず、農家の人などの普通《ふつう》の人にも、確かにそうした気持ちが多少はあると思います。豚を飼っていて、「そろそろ大きくなったから豚を潰《つぶ》そうか」という感じで、撲殺《ぼくさつ》して食べるとなると、やはり、名前を付けてかわいがっていた豚であれば、少しかわいそうな感じはします。あるいは、鶏《にわとり》でもそうです。実は、鶏は首を斬《き》っても飛ぶのですが、あれは怖いです。

私は、子供時代に、縁日《えんにち》でヒヨコを買って帰り、電球で温めて段ボールのなかで育てていたことがありました。ただ、大きくなってくると、これ以上は家では飼えないと思い、家が農家の友達に、「あとは、そちらで大きくしてくれないか」と言って頼《たの》んだところ、本当に大きくなって、鶏に成長したのです。

それで、あるとき、「あの鶏はどうした？」と訊いてみたのですが、「潰して食べた」と言うわけです。「ああ、食べてしまったのか。そうか、かわいそうだな」と思いつつも、どんな感じだったのかを訊くと、「いやあ、それはもう逃《に》げ回るから、首のところを押《お》さえて、パンッと鉈《なた》で斬るんだ。血がピューッと出るんだけれども、コクァコクァと、首なしで飛ぶんだ」などと言うわけです。私が、「うわ……。それ、食べられるの？」と訊いたところ、「いやあ、そのくらい慣れていなければ、やっていられない」というようなことを言っていました。

ただ、実際、飼っているものなどを食べるのは、ややつらいことでしょう。

確か、「ピーターラビット」でも、「ウサギパイにしてしまう」といった怖い話が出てきていた気がします。私の家でもウサギを飼っていたので、この飼っているウサギをパイにして食べるというのは、やはり怖いなと思いますし、かわいそうでできません。

ウサギにも霊体《れいたい》がないわけではありません。過去の経験では、亡くなってからまったく来ないものもいましたが、初期のころに飼った一羽目のウサギなどは、亡くなったあと、一週間ぐらいは私のところに来ていました。もともとの部屋は別のところだったのですが、一週間ぐらいは、私のベッドの布団《ふとん》の上を、ウサギの霊体が行ったり来たり、ピョンッと上がったり下りたり、よくしていたのです。

半透明《はんとうめい》というか、やや透明なのでウサギだと分かるのですが、明らかに、霊体が布団の周りを跳んだり上がったりしていました。やはり、「霊体はある」ということです。

そのウサギは、こちらに愛着があったからいたのでしょうが、一週間ほどいたので、説教ではないけれども、心のなかで「もうそろそろウサギ霊界《れいかい》へ還《かえ》って、生まれ変わったほうがよいのではないか。還るべきところに還ったらどうだ」ということを言ったら、いなくなりました。おそらく、生まれ変わりはわりに早いのではないかと思うので、一カ月もしたら生まれ変わったのではないでしょうか。そういう転生《てんしょう》をしていると思います。

そのように、死んだあとにも来ていたウサギはいました。

亡《な》くなったペットには執着《しゅうちゃく》しすぎないほうがよい

映画でも、「ペット・セメタリー」という、ペットの墓地が近くにあり、怖いことがたくさん起きるというものがありますが、こういうこともないわけではありません。

今、都会ではペットをかわいがり、服まで着せて散歩させているような人がたくさんいますし、食べ物も人間と同じようなものを食べることがありますが、そのくらいは、ある程度許すとしましょう。私が行く店にも、ペットもオーケーという店がよくあるので、孫を連れていったりすると、隣《となり》のテーブルでは〝お犬様〟が一緒《いっしょ》に食べているというようなこともあります。「孫と犬と、どちらが賢《かしこ》いかを見比べる」といったことも、たまに起きるわけです。

そのように、人間扱《あつか》いして育てたペットなどであれば、やはり、死んだあとにも愛着はあるでしょう。家や飼い主などに愛着はあると思うのですが、いちおう霊体がないわけではないので、動物の場合は、死んだらあまり愛着しすぎるのはよろしくありません。今回、個性を持って生まれてはいますけれども、ブルドッグはブルドッグで同じような顔をしているように、動物の場合は、本来、個性の幅《はば》が小さいのです。

ですから、あの世に還って、「群魂《ぐんこん》」という、要するに、群れのなかに入って、そのなかからまた生まれ変わってくるということが多いので、あまり特別に人間扱いしすぎると、個性化が目立ちすぎて、よくないこともあります。

それから、「ペット・セメタリー」、ペットのお墓《はか》等をつくる人も多いのですが、あまり人間扱いはしないほうがよいのではないかと思います。というのも、そういう場所をつくりすぎると、かえって執着《しゅうちゃく》してしまうことが多いからです。私の家でも、最初のペットが亡《な》くなったときに、「庭に埋《う》めて、お墓でもつくろうか」と思ったこともあったのですが、あまりよくないらしいということもあります。ペット供養も人気はあるのですが、やはり、ある程度で忘れてあげたほうがいいようです。

「ペットロス」というものはあるのですけれども、あまりにも深く思いすぎたり、場所を特定して執着できるようにしすぎたりすると、なかなか去らずにいるので、多少障《さわ》りが出る場合がないとは言えません。特に、ペットの場合であれば、小さいお子さんなどに障りが出ることもあるので、諸行無常《しょぎょうむじょう》ということで、「まだいいところに生まれ変われよ」と言って、焼いてあげたほうがよいのではないかと思います。あまり長く考えすぎるのはよろしくないでしょう。

私も、昔、犬を飼っていたことがあるのですが、小学校時代から飼い始めて大学時代まで生きていたので、十五年ぐらい生きたのではないかと思います。ですから、犬としては〝最高度に生きた〟犬がいたのですが、亡くなってからもけっこう長く出てきていました。亡くなったのが、私が大学生ぐらいのころかとは思うので、霊道《れいどう》を開いて霊界などもときどき行くようになってから、しばらくはよく出てきていたのです。

それほど上の次元とは思いませんが、とても明るくてきれいな草原があるような所へ行くと、その長く飼っていた犬が出てきて、走り回っているのによく出会ったので、向こうも会いたいと思っていたのでしょう。ただ、これは、向こうから来ているというよりは、霊界で会っているという状態でしたが、よく出てきていました。十年ぐらいしたら会わなくなったので、どこかにまた生まれ変わったか何かしたのだろうと思います。

そういうこともあるので、ペットはかわいがってもよいけれども、亡くなった場合は、執着は断《た》ったほうがよいのではないかと思います。都会のほうは、やや、やりすぎの気《け》があると思うのです。

うちのウサギも、亡くなる前に、ペット病院、動物病院に入院したことがあり、「一泊《ぱく》一万二千円」と言われて、「うわっ、高いな」と思ったことがあります。「家に戻《もど》すと、その日に死んでしまう」ということで、ウサギではあっても、酸素吸入や点滴《てんてき》など、いろいろあったようなのです。私は見に行ったわけではないので分からないのですが、いろいろあって、人間様並みに一泊一万二千円となったということでした。もしかしたら、人間とそれほど変わらないかもしれませんが、都会ではそんなこともあります。もちろん、気持ちとしてはそれでいいのですが、亡くなったら、早く忘れていったほうがよいかもしれません。

幸福の科学の「行事・説法《せっぽう》・儀式《ぎしき》・修法《しゅうほう》・祈《いの》り」等で体質も変わる

このように、動物系や、あるいは過去世の体験なども、今回の病気といったものに影響することはあります。そういうことを忘れていることが多いのですけれども、わりに食べ物のアレルギーなどには関係がある場合が多いので、個人的にリーディングをすれば、すぐに突《つ》き止められるものだろうと思うのです。

ただ、そうした食べ物アレルギーや、あるいは体に出てくる病変等でも、霊的な原因、もしくは因果応報《いんがおうほう》的な原因があって出ているものであれば、当会のさまざまな「行事」や「説法《せっぽう》」、あるいは「儀式《ぎしき》、修法《しゅうほう》、祈《いの》り」など、いろいろなものをしているうちに、ある程度体質が変わってきて、それが取れることもあります。

「過去世《かこぜ》」の影響《えいきょう》で、今世《こんぜ》、異常性のある病状が出る場合もある

●以前にも述べたことはあるのですけれども、体にあざのようなものがあり、なかなか取れなくて悩《なや》んでいる人も多いのではないかと思いますが、これなどは、「過去世《かこぜ》の死に方」とけっこう関係があることも多いのです。

例えば、戦国時代に生まれたときに、槍《やり》で突かれたり、刀で斬られたり、弓矢が当たったりしたところがあると、今世《こんぜ》は、そこにあざがついて生まれてくるようなこともよくあります。「不思議な、変なところにあざがあるな」と思っても

●以前にも……　『ザ・ヒーリングパワー』（幸福の科学出版刊）参照。

取れないものがあるのですが、これは霊体に残っているわけです。

死んだあと、しばらくは自分の「幽体《ゆうたい》」という部分にも同じような傷が残っているので、そのように自分自身のアイデンティファイというか、自己認識をして、あまりに長く思っていたか、あるいは、弓矢が刺《さ》さって長く苦しみながら死んだような場合、その当時の記憶《きおく》が残り、転生したときにそういうものが出てくることもあります。

あざが消えるかどうかまでは、実験したことがないのでよくは分かりませんが、こうした原理を見るかぎり、場合によっては消えることもあるのではないかとは思います。

また、体全体を見て、普通ではないようなものが出てくる人もいます。

例えば、魚の鱗《うろこ》のようなものが体に出てくる「魚鱗症《ぎょりんしょう》」の人がいますが、これなどは、やはり、過去世で漁師などをしていたことの残りではないかと思います。

魚の供養が足りなかったか何かでしょうか。一生、魚を獲《と》り続け、そうとう殺《あや》めてしまったりすると、そうしたものに罹《かか》ってしまうようなこともあるのかもしれません。

そうした、やや異常性があるようなものの場合は、何か霊的に原因があることもあるのですが、各人をすべて個別リーディングするまでの余裕《よゆう》はないので、たいへん申し訳ない気持ちでいます。

ただ、当会で行われている、光を受けるさまざまな修法などをしていると治ることは多いですし、霊言集《れいげんしゅう》等を読むだけでも治ることが多いので、そのようなものも大事だと思っています。

6　免疫力《めんえきりょく》を高め、ウィルスと戦うための秘策

「神仏を信じる力」が免疫力になる

ただ、二〇二〇年に発生した「新型コロナウィルス感染《かんせん》」については、別の意味合いも入っていて、政治的な意味合いが少しあるようなので、一定の範囲《はんい》には広がるでしょう。

●今、感染者は六万人以上にまで広がり、千数百人ほどが亡《な》くなっています。なかでも中国がいちばん多く、二番目が日本になってきています。ほかの国は、もう少し少ないのですけれども、あまり広がりすぎると、多少具合が悪いこともあるのではないでしょうか。

●今、感染者は……　説法時点。2020 年 5 月 23 日現在、全世界の感染者数は 520 万人超、死者数は 33 万人超で、国別ではいずれの数もアメリカがいちばん多い。

日本も、感染者が沖縄《おきなわ》で見つかったり、和歌山で見つかったり、千葉で見つかったりしていますし、あまりよく分からない感染経路で見つかる人も出てきていますが、そうしたものが広がるとよくないと思うのです。

いずれにせよ、あまり恐怖心《きょうふしん》を持ちすぎないことです。免疫力《めんえきりょく》を高めるためには、先ほども述べた『中国発・新型コロナウィルス感染　霊査《れいさ》』のなかに「信仰《しんこう》免疫」と書いてあるとおり、「神仏を信じる力」が免疫力になるのです。これが、昔から「信仰で病気が治る」といわれる理由の一つです。信仰によって、免疫力が非常に高まるわけです。実際に調べてみても、現実に高まっているのです。

そのように、毎日、神仏の力、ご加護《かご》を信じ、信仰を実践《じっせん》して生きていると、免疫力が高まっていきます。そして、悪質なウィルスや病原菌《びょうげんきん》などが体のなかに入ってきても、白血球が異常に活発になり、侵入《しんにゅう》してきた悪質の黴菌《ばいきん》、ウィルス等と戦うわけです。そのように、体内では、白血球が強くなり、ウィルス等と戦って食べてしまうシステムを実際に持っているのです。

病原菌に侵《おか》されたら、すぐに病気になってしまうということであれば、未開の地や衛生状態の悪い所で生きている人間は、誰《だれ》もが病気になってしまうはずです。しかし、平気な人も大勢います。これは、実は、体内に戦う力を持っているということなのです。

恐怖心を持ったり、信仰から離《はな》れたりしている状態というのは、免疫力が非常に弱い状態ですけれども、自分は神の「光の天使」の一人だと思うような生き方をしていれば、免疫力は強くなります。そして、「使命あるかぎり、私を護《まも》りたまえ」という気持ちで生きていくことで、体内に入った悪いものを追い出すことができるでしょう。ウィルス等、そうしたものの数はとても多いのですけれども、小さなものなので、それを体内から追い出すことは可能だと思います。

「瞑想《めいそう》の力」でもウィルスと戦える

　あるいは、「瞑想《めいそう》の力」を使える場合もあります。

「軟蘇《なんそ》の法」という、全身が黄金のバターに包まれるような瞑想があります。これは、頭の上にバターが載《の》っているようなイメージをする瞑想法です。黄金色のバターが溶《と》けて、体の外側からなかに染《し》み渡《わた》っていき、内臓、骨の髄《ずい》まで全身に入っていくような瞑想をするわけです。これは、昔の仏教者も行《ぎょう》じた修法《しゅうほう》ですけれども、これでもウィルスとは戦えるのです。

　そのように、毎日毎日、何度も何度も、仏陀《ぶっだ》から頂いた黄金のバターのようなものを頭の上に載せ、これがだんだんに溶けて体に染み渡っていくという瞑想をしていけば、おそらく光は浸透《しんとう》していくと思うので、ウィルスにも勝てるはずです。

ほかには、栄養のバランスを調《ととの》えることも大事ですし、無理をしない範囲で、体を適度に動かして鍛《きた》えることも大事です。

この世的な配慮《はいりょ》をしつつ、「光の力」「神仏の霊的《れいてき》パワー」を〝防護服〟にする気持ちを持つ

また、高齢者《こうれいしゃ》の場合は、転倒《てんとう》して骨折などをすることが病床《びょうしょう》に就《つ》くきっかけになる場合も多いので、やはり、天候等をよく見て、雪が降ったり氷が張ったりしているような道を避《さ》けたり、あるいは滑《すべ》りやすい履物《はきもの》等を避けるなど、そういった努力はしたほうがよいでしょう。

高齢になった場合は、特に転倒による骨折等がさまざまな病気につながりやすい傾向《けいこう》があるので、気をつけてください。

私自身はまだ高齢とは思っていないのですが、いちおう、お風呂《ふろ》などには滑り

止めを貼《は》ってあります。

私は、講演先で泊《と》まることがあるのですが、今は宅配便があるので、先に荷物をホテルへ送っています。そのときに、当会の秘書は優秀《ゆうしゅう》なので、滑り止めまで送っているのです。

ホテルに到着《とうちゃく》するや否《いな》や、湯船の底から、その外側の洗い場まで、あっという間に滑り止めをペタペタと貼っていくので、清掃《せいそう》の人が入ったら、おそらく驚《おどろ》くだろうと思いますが、何事もないとは言えません。もし、「昨夜、総裁先生は到着されましたが、お風呂で滑って転んで頭を打ちました」などということになると、信者のみなさんにはたいへん申し訳ないことになります。

また、自分で見に行くわけにもいかないのですが、場所によっては、滑りやすい所もときどきあるのです。特に、大理石等でつくられたツルツルのお風呂の場合は、滑ることもあるのです。そういうことを気をつけてくれています。

ほかには、「温度」や「湿度《しつど》」にも気をつけています。

そのように、この世的に恐怖心が強くなりすぎない程度の配慮《はいりょ》は必要なことがあると思いますし、さらに、「光の力」、「神仏の霊的《れいてき》パワー」といったものを身につけ、これを〝防護服〟とするという気持ちを持てば、治りやすいと思います。

「悪い流行《はや》り病《やまい》」が出てくるのは、政治に問題が多いとき

今、中国では、感染症《しょう》が流行《はや》ったことで、中国本土内の人からも「情報公開や言論の自由を認めよ」という声がだいぶ上がってきていますが、これは当然のことでしょう。

また、政府は、これを抑《おさ》えようとして、本当の被害状況《ひがいじょうきょう》などは教えていない可能性があります。今の時点では、武漢《ぶかん》市があるところや、その周辺あたりの感染者等の数は出ていますが、例えば、北京《ペキン》市内にどの程度の感染者がいるかなどの

情報があまり出てこないので、おそらく抑えているのでしょう。

できれば、こういうことをきっかけとして、政治的にも、人々の命を大事にし、個人の意見や考え、あるいは生命を大事にする考え方など、そういう多様な考え方も認めるようになってほしいと思います。一定の病気が流行る理由も、そういうところにあるのではないでしょうか。

昔から言われているように、こういう「悪疫《あくえき》」というか、「悪い流行り病《やまい》」が出てくるようなときには、だいたい、政《まつりごと》、政治などに問題が多い場合が多々あるので、やはり、政、政治のトップにある人たちは、自分たちのあり方、考え方等について、改めるべきことは改めて、反省すべきです。

これは悪質なウィルスがやっているかもしれないけれども、ある意味では、「発生しなくてもよかったもの」が広がっているわけですから、そういう人知を超えた力が働いているときには、「反省を迫《せま》っているものもある」と考え、「人命」や「人権」等を大事にする考え方も学ぶべきではないでしょうか。

今日の話をきっかけとして、自《みずか》らが強くなるように努力する人が増えることを祈《いの》りたいと思います。

「健康で、世の中の繁栄《はんえい》のために尽《つ》くしたい」と思っていこう

さらに、正しい信仰を持ち続けることで、「健康で、世の中の繁栄《はんえい》のために尽《つ》くしたい」と思っていくことも、やはり、非常に大事なことでしょう。それが、健康を維持《いじ》するための方法でもありますし、中年期以降、認知症、ボケ等になりにくくし、頭の機能を活発にし続けていくためにも必要なことではないかと思います。

ですから、「恐怖心」を持ってもいけませんし、「自己憐憫《れんびん》」も、過ぎると悪いものを引き寄せるので、やはり、ほどほどにしたほうがよいでしょう。

今回の話は、毎年、繰《く》り返し使える部分があるので、どうか、大事にして、CDやDVDでもお聴《き》きくだされば幸いです。

私が述べているような「免疫力を高める方法」をまったく受け付けず、信じない人であっても、家族や周りの人たちが、そういうことを知っていたり、信じていたりすれば、やはり影響力《えいきょうりょく》はあります。

家族や周りの人たちが、「これは、ここが問題なのかもしれない」「ここを変えたほうがよい」というように思えば、外堀《そとぼり》を埋《う》め、内堀を埋めるようなかたちになり、病気等、そういうものへの態度がだんだん強くなっていき、結局、「福は内、鬼《おに》は外」ということになるでしょう。

したがって、こうしたことを知っている人は、一人でも多いほうがよいと思います。

第3章

コロナ危機を生き抜《ぬ》く心構え

――御法話《ごほうわ》「私の人生論」質疑応答――

二〇二〇年五月二日

幸福の科学 特別説法堂《せっぽうどう》にて

1　コロナ感染《かんせん》に関する現時点での見解

【質問】　現在（二〇二〇年五月二日）、中国発・新型コロナウィルス感染《かんせん》が世界的な大問題になっており、その対応をめぐって、日本では、「ステイ・ホーム（とにかく家にいてじっとしていろ）」「何も活動しないことが正しく、掟《おきて》を破って活動することは悪だ」というような論調が強く、一部の政治家やマスコミからの情報発信に全体主義化の危険性を感じることもございます。

そうしたなかで、大川隆法総裁は、天上界《てんじょうかい》からの霊示《れいじ》を受けられつつ、多くの方々の幸福にとって必要な考え方を発信され、世の中の流れを変えるべく、闘《たたか》っておられますが、このコロナ感染に関して、現時点でのご見解をお伺《うかが》いできれば幸いです。

また、このコロナ問題も含《ふく》め、ときとして、時代の流れに抗《こう》するような意見を、勇気を持って力強く発信し続けておられますが、どのようなプロセスを踏《ふ》まれて結論を導かれていらっしゃるのかについても、可能な範囲《はんい》でお教えいただければ幸いです。

新型コロナウィルスに関する霊人《れいじん》の意見を比較《ひかく》し、結論を探《さぐ》る

大川隆法　新型コロナウィルスに関しては、●霊言《れいげん》もだいぶ出してはいます。「ウィルスがどのくらいまで広がるか、どの程度まで死者が出るか」といったことについては、私が事前に予想していたわけではありません。しかし、さまざまな霊《れい》人《じん》に意見を訊《き》くと、感染者《かんせんしゃ》や死者の数がかなり多かったのです。

●霊言も……　『釈尊の未来予言』『イエス・キリストはコロナ・パンデミックをこう考える』（共に幸福の科学出版刊）等、多数発刊。

私は、「これを受け入れてくれるだろうか」「幸福の科学が恐怖《きょうふ》を煽《あお》っているように言われるのではないか」とは思いつつも、「いろいろな情報を比較《ひかく》しながら、次第《しだい》に結論へと迫《せま》っていく」という手法をよく取っているわけです。

そのようなものは法律学等でも勉強したことです。法律があって、この世の人が起こした事件についての犯罪性やその量刑《りょうけい》、あるいは民事・民法的な案件だと、私人間《しじんかん》の金銭的な問題等では、必ずしも「コンピュータにかければ、すべて同じ答えが出る」というようにはなっていません。やはり、当事者の主張を比較衡量《こうりょう》し、「妥当《だとう》な結論は何か」ということを努力して探《さぐ》っていくような学問だったこともあり、その癖《くせ》は入っているのではないかと思います。

感染症《しょう》学者が政治家の責任回避《かいひ》に使われていることも

また、政治においても価値観の多様性があります。政治学では、「この考えだけでずっといけばよい」というわけではなく、価値観がぶつかるなかで選び取っていかなければならないところがあります。完全に片方が百点、片方が零点《れい》だというのであれば、もはや選びようもなく、すでに決まったことになるわけですけれども、必ずしもそうではないということです。

例えば、コロナウィルス関係で言えば、政府、あるいは知事等が感染症《しょう》学者を引っ張り出してアドバイザーにし、彼らの言うことを右から左に伝えていますが、感染症学者というものは、医学のなかでもジャンルとしては狭《せば》められてきて、限られた見識しか持っていない場合もあるのです。また、一代のうちに、自分の言ったことがどのようになるかを経験したことが何回かあれば、そのあたりの勉強もできるのでしょうが、「その感染症には初めて出遭《であ》った」という人もわりに多いだろうと思います。

したがって、「他の分野や全体から見るとどうなるか」というところまでは、なかなか見えていないはずです。いわゆる〝専門家としての穴〟に入りがちなところはあるだろうと思います。

政治家は責任回避《かいひ》が得意なのです。「専門家が言ったから」ということで、責任はそちらに振《ふ》り、自分のほうには責任がないように見せるのは得意であると思います。

「感染症という病気は実在しない」と言う学者もいる

コロナ感染した患者《かんじゃ》の乗っていたクルーズ船が横浜港《よこはま》に停《と》まっていたときに、船に乗り込《こ》んで実際に状況《じょうきょう》を見てきた感染症学者が書いた本には、「〝感染症という病気〟は実在しない」とありました。自分の職業を否定するかのような意見ですが、「感染症というものは現象であって、病気ではないのだ。いろいろな人がそういう症状を示しているという現象はあるが、病気ではない」として、マスコミを通じて、国民が新型コロナウィルス感染症という病気が流行っていると見ているのは、間違《まちが》いだというようなことを、述べているわけです。

確かに、そういう面もあるかもしれません。コロナウィルスというものは、顕微鏡《けんびきょう》で見れば存在はしているでしょう。ただ、それはいろいろなところに存在していて、人について病気を起こす場合もあれば、跳《は》ね返されてしまうこともあるわけです。そして、たいていの場合は、跳ね返してしまう人のほうが数は多いということです。

ウィルスが体のなかで増殖《ぞうしょく》し、気管支から肺まで入っていって、ほかの病気を持っているような人、あるいは高齢《こうれい》の人等が亡《な》くなるようなケースは多いと思います。

根本的にはインフルエンザや風邪《かぜ》と大きく変わらないコロナ感染

ただ、ウィルス自体は、「生物体」「生命体」と言えるかどうかも分からないぐらいの原始的な存在です。ごくごく微細な存在であり、生物としての組織体を持っていません。口も目も鼻もなければ、胃も腸もないのです。タンパク質の小さな点のなかに、ＲＮＡやＤＮＡがほんの少し入っているだけで、ウィルス自体は生命と言えるかどうかも分からないものだと思います。無生物と生物の間ぐらいの存在なのです。

「こういうものが人の体に宿って、相性《あいしょう》がよければ増殖し、どんどん増えていって、そのうちに肺のところまで入っていき、機能不全を何か起こして、病気になって、死ぬ」ということですが、根本的な機能だけを見れば、インフルエンザや風邪《かぜ》とそれほど大きく変わりません。

幸福実現党の釈量子《しゃくりょうこ》党首も言っていましたが、死者数を見ると、インフルエンザのほうは年間一万人ぐらい死ぬことはしょっちゅうあるので、「数百人ぐらいの死者のレベルで、インフルエンザ以上の過剰《かじょう》防衛をするかどうか」という問題が一つあるとは思います。

インフルエンザが流行《はや》ると、学校では学級閉鎖《へいさ》になったりしますが、流行っていない所は閉鎖しないで普通《ふつう》にやっていると思いますし、「インフルエンザが流行ったから、店を全部閉める」などということもないし、デパートを閉めることもないでしょう。

それから、病院のほうは、「医療崩壊《いりょうほうかい》」などと言われています。

マスコミはすぐ名前を付けてくれて、何かの病名のようなもので、「医療崩壊」という現象と言ったり、次は「スーパー崩壊」などと言ったりしていますが、彼らは、名前を付けて流行らせるのが得意な職業なので、しかたがありません。

ただ、実際は、「特に治す方法もないのに、たくさんの人が病院に運び込まれて、困っているだけ」というように見えるのです。もちろん、呼吸が困難になった人に呼吸の補助をしたり、栄養の補助をしたりすることぐらいはできるかもしれません。

いずれにせよ、現時点では、政府も〝偽薬《にせぐすり》〟を流行らせようとしているぐらいです。ワクチンがないので、「ほかの病気で使ったものを使えば、一部、効くのではないか」ということで、広めようとしたりしているようですが、根本的な解決にはならないでしょう。

「新型コロナウィルスが嫌《いや》がるもの」を推定する

「コウモリのウィルスで、普通は人間にはうつるわけがないものが、うつるようになった」ということから考えると、「人間にうつしやすいように、人間の近くで病気をうつす動物等で培養《ばいよう》して、このウィルスをつくった疑いが高いな」と、私のほうは見ています。「人工的なものであろう」と推定はしているわけです。

また、「コウモリのウィルス」なので、「コウモリが嫌《いや》がる所は、おそらく嫌がるだろう」と推定しています。洞窟《どうくつ》のなかに棲《す》んでいるコウモリですので、「家のなかに巣ごもりしろ」と言っているけれども、「逆ではないか」という気持ちは、やはり強いのです。「日光」とか、「新鮮《しんせん》な外気」とかには弱いのではないかと思います。

さらに、「三密《さんみつ》」といったことを言っているのは日本だけです。「ソーシャル・ディスタンシング」「社会的距離《きょり》を取れ」といったことは言われていますが、「密《みっ》教《きょう》が怒《おこ》るだろう」と思うような、〝三密〟ということを言っているのは日本だけなのです。

これは感染症学者の考えだろうと思いますが、とにかく、「人が集まらず、近

●「密教が怒るだろう」と思うような、〝三密〟……　本来、「三密」という語は、密教における中心的な修行のことを指し、手に印を結び（身密《しんみつ》）、口に真言《しんごん》を唱え（口密《くみつ》）、心に本尊を観想する（意密《いみつ》）ことをいうため。

くにいなければ、うつらない」ということでしょう。

「これが専門家の意見か」と言いたくなるというか、そのくらいだったら、素人《しろうと》でも分かります。孤島《ことう》に一人ずつ住んでいたら、病気はうつりません。素人でも分かるぐらいなので、「もうちょっと、専門家なら専門家としての意見を言いなさい。どうしたら治るかを言いなさい」という感じです。それが言えないなら、専門家ではなく、ほとんど素人の意見と同じでしょう。

感染症学者はウィルスを調べたり、そういったことをしているだけで、「実際上、そういう現象が流行ったときに、どうしたら止められるか」というところまでできた人は、いはしないのだろうと思います。

ワクチンができれば少しは効くのかもしれませんが、すぐにはできないことも分かっています。

2　コロナ問題には「自衛」で対策を

会社が潰《つぶ》れても、政府は立て直してくれない

社会全体にさまざまなマイナスの現象が起きていますが、これは一種の病理現象に見えますので、「どのようにそれと戦うか」には、いろいろな方法があるだろうと思います。

私のほうは、若干《じゃっかん》、経営や財政等も、昔、勉強していたので見えやすく、マスコミよりもよく見えるところがあることはあって、今回のことは、政府の補助金などで埋《う》まるわけがないことぐらいは、すぐに分かってしまいます。仕事をやめてしまって、それを永遠に養うということはできません。それは、親が、ずっと

無職のままでいる子供を養えないのと同じです。

政府は、むしろ税金が欲《ほ》しいぐらいで、税金が欲しくて税率を上げているのに、「仕事をやめたあとは面倒《めんどう》を見る」などというのは、嘘《うそ》に決まっています。そんなことはできるわけがありません。そのあとは、〝大変なツケが回ってくる〟ということです。

私は、こういったときには、だいたい「平均打率の法則」を考えます。「『平均的に、どの程度の方が感染《かんせん》して、どの程度亡《な》くなっていくか』から考えて、合理的な損得判断をすべきだ」と思うわけです。少なくとも、この世におけるリーダーは、そのように考えるべきだと思います。

大会社にずっと休まれたら、その損失を補填《ほてん》できるわけがありません。何千億円もの赤字を出されても、全部払《はら》えるわけがないのです。大きなところが一つ潰《つぶ》れても、「大騒動《おおそうどう》」でしょう。

以前、日本航空が赤字で破綻《はたん》しただけでも、大騒動でした。再建してくれる人として、稲盛和夫《いなもりかずお》氏を引っ張り出すだけでも大変だったのに、「一社ではなくて、全業種の大きいところがたくさん潰れ、小さいところまで潰れる」ということになれば、それを乗り越《こ》えられるはずがありません。

やはり、ある程度、割り切っていかなければならないのです。

要するに、軍隊と同じで、「重体の人が戦列から離《はな》れ、後方に送って医療《いりょう》チームに任せるのはしかたないとしても、そうでない者は、やはり、通常の仕事、戦《せん》闘《とう》を続けなければいけない」ということだと思います。

「全員シャットアウト型の仕事をする」というのは、ある意味で〝人殺しに等しい仕事〟というように、トータルでは判断されるでしょう。

すべての人に「何もするな」「働くな」「家から出るな」と言って、社会はどこまでもつだろうかという計算をしてみたときに、やはり、彼らは財源を明らかにして、「いつまでなら、私たちはそれを使用できる」ということをはっきりしなければいけないと思います。財源がないのにそういうことを言うのは、無責任そのものです。

いったん潰れた会社を、あとで政府がもう一回立て直してくれるわけではないので、自分たちで自分の身を護《まも》ったほうがよいと思います。

アバウトなことしかできていない政府のコロナ対策

政府の仕事は、ザルッとした、アバウトなことしかできていません。

例えば、教祖殿《きょうそでん》には、いわゆる「アベノマスク」というものが収録の前日に二枚だけ送られてきました。あきれてものが言えません。

「なぜ、各家庭に二枚なのか」というと、郵便局がポストの数だけ放り込《こ》んでいくという仕事をしているらしいのです。「建物の大きさを見て、二枚では意味がないのが分からないのか」と思います。

また、当会の寮《りょう》である僧房《そうぼう》にも、仲間がみんな住んでいますが、一つしかない郵便受け付け口に、二枚だけ放り込んでいくわけです。そのなかに住んでいるのが二人ではないことぐらいは、見たら分かるでしょう。三階建て、四階建てなので、もっと住んでいるのですが、「ああ、なるほど。住民が何人住んでいるかも確認しないで、配って歩いて、それで終わったことにするのか」と思いました。

これでは、「補助金を撒《ま》く」といっても、同じようなことが起きるのではないでしょうか。補助金要求の手続きが面倒なので、手続きができないような人たちは、おそらく、みんな仕事が潰れていって飢《う》え死にするか、フリーターになるかでしょう。

それから、目や耳など、いろいろと不自由な人たちのなかには、鍼《はり》や灸《きゅう》、マッサージ等の仕事をしている人もいますけれども、今、仕事がガタ減りで苦しんでいます。こうした人たちも、補償《ほしょう》してもらうのはさぞかし大変だろうと思うのです。

〝専門バカ〟にならず、多角的に判断することが大切

また、病院も、患者《かんじゃ》の数が多すぎたら治療ができなくなりますし、治せないでしょう。

医者は、結局は〝負ける〟ことになっている職業なのです。人間は、必ず死にます。百パーセント死ぬので、これに関しては、「百対ゼロ」で勝ち目はありません。病気を一時期よくするとか、生命時間を少し延ばすとか、あるいは、大事なときに死なずに家族を支えることができるようにするとか、会社が大事なときに死なずにいけるかとかぐらいのことしかできないわけです。

私も、四十七歳《さい》のときに、一時期入院をしてみて、「ああ、何もできないのだ

な」ということがよく分かりました。

病院は何もできないのです。とにかくベッドに寝《ね》かせて、点滴《てんてき》を打ち、そして、尿袋《にょうぶくろ》をぶら下げたら、患者は逃《に》げられなくなります。完全に拘束《こうそく》状態になるので、自動的に〝病人〟になってしまうのです。点滴スタンドを持って病院外に脱出《だっしゅつ》することはほぼ不可能なので、病人になります。〝縛《しば》りつけたら〟終わりなのです。

そのように、基本的には、病院に来た人をみな〝縛りつけて〟いって、点滴をしているだけで、ほかには何もありません。そうしたことをほとんどの病院がしていて、今は廊下《ろうか》にまでベッドを並べているような状況《じょうきょう》なので、これで「医学万《ばん》能《のう》」と過信しているのであれば、間違《まちが》いがあるのではないかと思います。

「大の虫を生かす」というか、「大勢の人は、来年以降もまだ家族を養っていられる状況」を考えればよいのです。もちろん、重体の人は社会的に護《まも》られるべきだとは思いますが、風邪《かぜ》をひいている人がクラスにいたり会社にいたりしても、全員にうつるわけではないので、「何も感じない」「俺《おれ》は風邪をひいていないし、熱も出ていない」という人については、働けばよいのです。そういうことを私は言っているのです。

ほかのときにも、そういう判断をいろいろとしたことはたくさんあるのですが、たいていの場合は、〝専門バカ〟にならず、幅広《はばひろ》い知識や教養を持つようにして、多角的に判断をしています。

そして、「この世的な努力をする」と同時に、「高次元の指導霊《しどうれい》たちからは、どのように見えるのか」という両方の情報を取り、情報見積もりをして、自分として、「こうしたほうがよいのではないか」という判断をしているのです。

ですから、高級霊が言うことでも、時代に合わないと思うようなことがある場合は、すべてをきくわけではありませんし、当然、意見が分かれるものもありますす。この世的に知っていれば判断できることもたくさんあるのです。

私は、そのようにして意見を発信しています。

政府や役所を頼《たよ》るのではなく、自分のことは自分で判断する

先ほども述べましたが、教祖殿のようにある程度の人がいる所に、マスクを二枚だけ送って終わりにしているような「アベノマスク政策」をしているところが、あとの手を打てるはずがありません。この能力を見るに、もはや普通《ふつう》の会社の仕事能力以下であり、役所仕事というのは、だいたいこんなものなのでしょう。

急に出てきた問題については、とりあえずマスコミの批判を避《さ》けるようなことをすればよく、あとは、創価学会《そうかがっかい》、公明党が言っているとおり、「一人につき十万円をばら撒けば、終わり」ということなのだろうと思います。

彼らは、政党をつくり、選挙運動をしているので、実績が欲しいわけです。成果として十万円を取ることができれば、彼らの選挙資金ができます。そのように

して選挙の運動資金ができれば、しっかりと仕事をしたことになり、「あなたの選挙運動は、お金になって戻《もど》ってきていますよ」と言えるのでしょう。

しかし、それが発令されて、赤ちゃんからお年寄りまで、日本人が一律十万円をもらっても、そのほかの人たちが抱《かか》えている問題が解決するのかどうかは、ちょっと分かりません。これに関しても、上手に申請《しんせい》しなければもらえないのでしょうが、たいていの人は、ずぼらで、申請できずに放置するでしょうから、それも見込んでのパフォーマンスも入っているのではないかと思います。

さらには、理髪業《りはつぎょう》、美容業等も感染リスクが大きいので、東京都では、「できたら自粛《じしゅく》してほしい」と言い始めています。また、「連休中に自主休業したところには、十五万円から三十万円ぐらいは補助金を出してもよい」といったことも言っていましたけれども、東京都で美容院や理容院を開所して、人を雇《やと》っていたら、十五万円から三十万円ぐらいをもらったところで、人一人分の給料ほどにしかならない可能性は高いでしょう。あとの家賃などの諸経費は出ないでしょうから、そういったことが何カ月か続くと、廃業《はいぎょう》の危機が来るのは確実です。

したがって、小池《こいけ》都知事が「十五万円から三十万円を出してもよい」と言っても、「いつ、くれるのか」「いつからいつまで、くれるのか」「いつ終わるのか」といったことが分からないうちは、やはり自衛しないといけません。あっさりと乗ってしまったら、「子供が学校に行く費用は、来年からなくなりますよ」ということです。その上、家庭争議も起きて、離婚《りこん》騒動にもなるかもしれません。

政府や役所というのは、〝紋切《もんき》り型〟に同じようなことをみんなに対して言うものの、個々の事情はすべて違うので、それらに関しては、やはり、自分で判断するしかないでしょう。

3　トップは大勢がよくなることへの「責任」を持て

国民の分断へと進みかねない現状

それから、もう一つ、悪いと思うところがあります。

緊急《きんきゅう》事態宣言をしてほしい地方公共団体が多いのだろうとは思いますが、台風で被害《ひがい》が出たときには、全国の人たちから助けてもらっているはずです。

例えば、神戸《こうべ》で地震《じしん》が起きたときには、全国から救援《きゅうえん》物資が届いて、みんなに助けてもらったのでしょう。あるいは、東日本大震災のときにも全国の人が助けてくれましたし、東京あたりまで節電をし、電気を半分しかつけないようにしてまで、みんなで助けようとしてくれたのでしょう。

そういうことがあったにもかかわらず、今回は、都市部での感染者《かんせんしゃ》が多いことを理由に、各地の知事が「絶対に地方に来るな」というようなことを言っているのを見て、少し悲しい感じがしました。

「連休には、絶対に来ないでください」と言ったり、駅の前等で、「来ないで」「静岡《しずおか》県に来ないでください」などと書いた看板のようなものを持ったりしているところがカメラに映ると、このあとには国民の分断も進んで、もう嫌《いや》になるだろうなと思うのです。

また、岩手県は、今のところ感染者がいないということですが、「聖地・岩手には、一人たりとも入れないぞ」というような感じで、みんなが刀と槍《やり》で武装し、「一人も入れない」などとやり始めたら、この国はおかしくなってしまうでしょう。

「助け合いの精神」がなくなるようなことはしないほうがよい

岩手県では、妊婦《にんぷ》が帰省中に産気《さんけ》づいたとしても、「二週間は検査期間で隔離《かくり》しなければいけないので、すぐには病院に受け入れられません」ということもあったようですが、そうしたものは、やや人道に反しているかもしれません。

ほかにも、徳島県あたりは、累計患者《るいけいかんじゃ》数が五人しかいないのですが（説法《せっぽう》当時）、幸福の科学が徳島県で行事をするために四国四県から人を集めようとしても、ほかの所は感染している人が多いので、他県ナンバーの車が来ると、県民が近所で監視《かんし》して、密告されたりするそうなのです。さらに、そういう車は、ペンキをかけられたり、車に引っ掻《か》き傷を入れられたりするなど、嫌がらせもあるようです。

一方で、「こういうことは、してはいけない」と、新聞に投書する人もいて、地方でも、そういう紛争《ふんそう》はいろいろと起きているようです。

また、「連休は、絶対に来県しないでください」と言っている県知事もいるようですが、そういう言い方をしていると、あとが大変でしょう。

例えば、伊豆《いず》のあたりは、客が来ないために潰《つぶ》れかけていて大変なようです。ああいう保養地では、ゴールデンウィークなどに来てもらわないと、困って青息《あおいき》吐息《といき》なのに、静岡県知事が「来るなよ！　駅から降りるな！」などと頑張《がんば》っているのを見たら、行きたくなくなるのではないでしょうか。

そのなかで、お互《たが》いの間にできた〝憎《にく》しみの壁《かべ》〟のようなものが残ると、よくないと思っています。

ですから、「毎年、いつも貢献《こうけん》してくださって、本当にありがとうございます。今年は、当県ではまだ感染対策の面で対応し切れないので、ご都合《つごう》のつく方は自《じ》粛《しゅく》してくださるようお願いします。ただ、いろいろな約束事等があって、どうしてもお越《こ》しになりたい方については、なるべく感染しないように、各自で努力をお願いします」というように、言い方を上手にすればよいのです。

ところが、一律にパシッと制約する感じだったり、「ロックダウンされるよりは、まだましなんだぞ！」という感じで恩着せがましくいろいろ言われたりすると、だんだん嫌になってくることもあるでしょう。

ただ、これからも天変地異は数多く来るので、そういうときに「助け合いの精神」がなくなるようなことは、あまりしないほうがよいと思います。

「排除《はいじょ》の原理」ではなく、多角的な見方で大勢がよくなる方向を

小池《こいけ》都知事は、以前、新党ブームのころに、「排除《はいじょ》する」というような言葉を言ったために人気をなくし、しぼんでいったことがありましたけれども、今、彼女が言っていることも、やはり「排除の原理」のように見えます。

今、周りから白い目で見られても、店を開けてくださっているところもあるの

ですが、それを、「よその店が閉まっているときに出し抜《ぬ》いて、金儲《かねもう》けをしようとしている」という非難をしたり、マスコミにそれを取材させて追い詰《つ》めたりすることもあるようです。

ただ、それは間違《まちが》っていると、私は思います。

ですから、「外を散歩してもよい」などと言われても、大勢の人が行く所がなくて困っているので、やはり、行く所をつくる努力はするべきでしょう。感染しないための注意が要《い》るのはもちろんのことですが、そういうことも要るのではないかと思います。

このように、幸福の科学は、物事の見方について、ある程度、多角的な見方をしながら、最終的に、今まで経験したことや判断してきたことの力を加えて、「この方向が、大勢の人にとってはいちばんよいのではないか」という意見を言うように努力しているわけです。

また、当会では、●ウィルスの鑑定《かんてい》についての霊査《れいさ》をしていますけれども、これは、この世的に分からない部分が多いので、自分なりに協力したほうがよいと思って行《おこな》ったものです。これは、ほかのところではできないので、「当会だけの、何か特定のドグマ（教条）を押《お》しつけているのではないか」と思われる人がいるかもしれませんけれども、そういったことよりも、「真実を知ったほうがよかろう」と思って出しています。

　そのように、いろいろなものと対決し、一個一個乗り越えていくことで、自信もつき、判断も大きくなっていくのではないでしょうか。

立場が上がるほど、大所高所《たいしょこうしょ》から見られるだけの見識を養う努力を

　したがって、立場が上がれば、責任が重くなるのは分かると思いますけれども、やはり、大所高所《たいしょこうしょ》から見られるだけの見識を養う努力をしていくことが、宗教家

●ウィルスの鑑定について……　『中国発・新型コロナウィルス 人類への教訓は何か』『コロナ・パンデミックはどうなるか』『守護霊霊言　習近平の弁明』『中国発・新型コロナウィルス感染 霊査』（いずれも幸福の科学出版刊）等参照。

にとっても大事なことだと思います。

例えば、最近収録した「イエス・キリストの霊言《れいげん》」と現職の「ローマ法王の守護霊《しゅごれい》の霊言」では、考え方に食い違いがありました。そのため、ローマ法王の守護霊は困って、「イエスと違うことを言ってしまったら、私はキリスト教者ではなくなるのか？」というようなことも言っていました。

それはそうかもしれません。彼のことを考えれば、イエスに自分と違うことを言われたら、この世的には本当は困るでしょう。でも、大勢の人は、やはり、どういうことが真実なのかを知りたいでしょうから、伝える義務はあると思うのです。

ローマ法王も、十億人以上のカトリック信者を導く立場にあるので、ほかの人

●「イエス・キリストの霊言」『イエス・キリストはコロナ・パンデミックをこう考える』（幸福の科学出版刊）参照。
●「ローマ法王の守護霊の霊言」『ローマ教皇フランシスコ守護霊の霊言』（幸福の科学出版刊）参照。

の意見も少しは聞いて、考え方について修正すべきところは修正すべきだと思います。ただ、あまり失礼になりすぎないように配慮《はいりょ》はしています。

そのように、当会はいろいろな観点からやっているということです。

首相や知事は「発言」と「判断」の責任を取る必要がある

幸福の科学の仕事は、宗教を超《こ》えて行《おこな》っている部分があるため、仕事としてはとても難しいと思いますが、「できるだけ多くの人に、よい未来をつくる」ということを優先して考えているわけです。

また、教団としての組織があるので、やはり、個人ではとても通じないようなことを言っても、聞いてくれる部分もあるのではないかと思うのです。

先日、幸福実現党から政府に申し入れをし、党首がインターネット上に当会の考えを流したため、昨日《きのう》の夜中に安倍《あべ》首相の守護霊が来てしまったのですが、心労した様子で、「安倍晋三《しんぞう》」ならぬ〝安倍心労〟という感じでした。それは心労するでしょう。「どうしたらよいのか分からない」というのは、そのとおりだろうと思います。

でも、首相を長く続けていれば、やはり、いろいろなことが起きてきますし、今まで、上手に「白」を「黒」と言いくるめてやってきたのでしょうから、今回も頑張られたらいかがでしょうか。頑張れなかったら、それは退場するしかないのではないかと、私は思います。幸福の科学ですべて責任を取るつもりはありません。安倍首相なり小池都知事なり、それから、ほかの知事なりには、やはり、「発言の責任」と「判断の責任」を取ってもらおうとは思っています。

すべてについては答えられませんが、彼らが考える参考材料は、提供していきたいと考えています。

あとがき

本書では、コロナウィルス感染の予防を無視せよ、と言っているのではない。やるべきことはやったらよい。

しかし、巣ごもりを一カ月、二カ月と続けても、この地球上から、コロナ・パンデミックはなくなりはしない。世界各国に広がって、第二波、第三波が襲《おそ》ってくるだろう。コロナウィルスと共存しながら、サバイバルしなくてはならないのだ。

基本的には、各自、免疫力を高めつつ、智慧《ちえ》を絞って、経済活動を再開しなければ、大企業も、国家も、地方自治体も破産し、憎しみと悲しみだけが残ると言っているのだ。
まだ有効なワクチンが開発できてない今、信仰の力をもう一度見直してほしい。小さなウィルスの集合体の憑依《ひょうい》も、基本的には、悪霊憑依と変わらない。さすれば、神仏の力で撃退は可能である。この一冊で死神と闘《たたか》うのだ。

二〇二〇年　五月二十一日

幸福《こうふく》の科学《かがく》グループ創始者兼総裁《そうししゃけんそうさい》　大川隆法《おおかわりゅうほう》

『コロナ不況下のサバイバル術』関連書籍

『太陽の法』（大川隆法 著　幸福の科学出版刊）

『信仰の法』（同右）

『ザ・ヒーリングパワー』（同右）

『コロナ・パンデミックはどうなるか

――国之常立神　エドガー・ケイシー　リーディング――』（同右）

『中国発・新型コロナウィルス感染　霊査』（同右）

『釈尊の未来予言』（同右）

『イエス・キリストはコロナ・パンデミックをこう考える』（同右）

『中国発・新型コロナウィルス　人類への教訓は何か

――北里柴三郎　R・A・ゴールの霊言――』（同右）

『守護霊霊言　習近平の弁明』（同右）
『ローマ教皇フランシスコ守護霊の霊言』（同右）
『大恐慌時代を生き抜く知恵——松下幸之助の霊言——』（同右）
『P．F．ドラッカー「未来社会の指針を語る」』（同右）

コロナ不況下《ふきょうか》のサバイバル術《じゅつ》

2020年5月28日　初版第1刷

著　者　　大《おお》川《かわ》隆《りゅう》法《ほう》

発行所　　幸福の科学出版株式会社

〒107-0052 東京都港区赤坂2丁目10番8号
TEL(03)5573-7700
https://www.irhpress.co.jp/

印刷・製本　株式会社 堀内印刷所

落丁・乱丁本はおとりかえいたします

ISBN978-4-8233-0184-1 C0030

カバー，表紙，大扉 aquariagirl1970/Shutterstock.com
カバー，帯 Olena Boronchuk/Shutterstock.com
装丁・イラスト・写真（上記・パブリックドメインを除く）© 幸福の科学

大川隆法 霊言シリーズ・危機の時代を生き抜く

P. F. ドラッカー「未来社会の指針を語る」

時代が要請する「危機のリーダー」とは？ 世界恐慌も経験した「マネジメントの父」ドラッカーが語る、「日本再浮上への提言」と「世界を救う処方箋」。

1,500円

大恐慌時代を生き抜く知恵

松下幸之助の霊言

政府に頼らず、自分の力でサバイバルせよ！ 幾多の試練をくぐり抜けた経営の神様が、コロナ不況からあなたを護り、会社を護るための知恵を語る。

1,500円

サミュエル・スマイルズ「現代的自助論」のヒント

補助金のバラマキや働き方改革、中国依存の経済は、国家の衰退を招く──。今こそ「自助努力の精神」が必要なときである。世界の没落を防ぐ力がここに。

1,400円

危機突破の社長学

一倉定の「厳しさの経営学」入門

経営の成功とは、鍛え抜かれた厳しさの中にある。生前、5000社を超える企業を立て直した、名経営コンサルタントの社長指南の真髄がここに。

1,500円

大川隆法ベストセラーズ・恐怖心に打ち克つために

悪魔の嫌うこと

悪魔は現実に存在し、心の隙を狙ってくる！ 悪魔の嫌う3カ条、怨霊の実態、悪魔の正体の見破り方など、目に見えない脅威から身を護るための「悟りの書」。

1,600円

真のエクソシスト

身体が重い、抑うつ、悪夢、金縛り、幻聴──。それは悪霊による「憑依」かもしれない。フィクションを超えた最先端のエクソシスト論、ついに公開。

1,600円

ザ・ポゼッション

憑依の真相

英語説法
英日対訳

悪霊が与える影響や、憑依からの脱出法、自分が幽霊になって迷わないために知っておくべきことなど、人生をもっと光に近づけるためのヒントがここに。

1,500円

天照大神《あまてらすおおみかみ》の御本心《ごほんしん》

「地球神」の霊流を引く
「太陽の女神」の憂いと願い

「太陽の女神」天照大神による、コロナ・パンデミックとその後についての霊言。国難が続く令和における、国民のあるべき姿、日本の果たすべき役割とは？

1,400円

幸福の科学出版

1991年7月15日、東京ドーム。
人類史を変える「歴史的瞬間」が誕生した。
――これは、映画を超えた真実。
夜明けを信じて。
2020年秋 ROADSHOW
製作総指揮・原作 大川隆法
田中宏明 千眼美子 長谷川奈央 芦川よしみ 石橋保
監督／赤羽博 音楽／水澤有一 脚本／大川咲也加 製作／幸福の科学出版 製作協力／ARI Production ニュースター・プロダクション
制作プロダクション／ジャンゴフィルム 配給／日活 配給協力／東京テアトル ©2020 IRH Press

幸福の科学グループのご案内

宗教、教育、政治、出版などの活動を通じて、地球的ユートピアの実現を目指しています。

幸福の科学

一九八六年に立宗。信仰の対象は、地球系霊団の最高大霊、主エル・カンターレ。世界百カ国以上の国々に信者を持ち、全人類救済という尊い使命のもと、信者は、「愛」と「悟り」と「ユートピア建設」の教えの実践、伝道に励んでいます。

（二〇二〇年五月現在）

愛

幸福の科学の「愛」とは、与える愛です。これは、仏教の慈悲《じひ》や布施《ふせ》の精神と同じことです。信者は、仏法真理をお伝えすることを通して、多くの方に幸福な人生を送っていただくための活動に励んでいます。

悟り

「悟り」とは、自らが仏の子であることを知るということです。教学《きょうがく》や精神統一によって心を磨き、智慧《ちえ》を得て悩みを解決すると共に、天使・菩薩《ぼさつ》の境地を目指し、より多くの人を救える力を身につけていきます。

ユートピア建設

私たち人間は、地上に理想世界を建設するという尊い使命を持って生まれてきています。社会の悪を押しとどめ、善を推し進めるために、信者はさまざまな活動に積極的に参加しています。

国内外の世界で貧困や災害、心の病で苦しんでいる人々に対しては、現地メンバーや支援団体と連携して、物心両面にわたり、あらゆる手段で手を差し伸べています。

年間約２万人の自殺者を減らすため、全国各地で街頭キャンペーンを展開しています。

公式サイト **www.withyou-hs.net**

ヘレン・ケラーを理想として活動する、ハンディキャップを持つ方とボランティアの会です。視聴覚障害者、肢体不自由な方々に仏法真理を学んでいただくための、さまざまなサポートをしています。

公式サイト **www.helen-hs.net**

入会のご案内

幸福の科学では、大川隆法総裁が説く仏法真理《ぶっぽうしんり》をもとに、「どうすれば幸福になれるのか、また、他の人を幸福にできるのか」を学び、実践しています。

入会

仏法真理を学んでみたい方へ

大川隆法総裁の教えを信じ、学ぼうとする方なら、どなたでも入会できます。入会された方には、『入会版「正心法語《しょうしんほうご》」』が授与されます。

ネット入会 入会ご希望の方はネットからも入会できます。
happy-science.jp/joinus

三帰《さんき》誓願《せいがん》

信仰をさらに深めたい方へ

仏弟子としてさらに信仰を深めたい方は、仏《ぶっ》・法《ぽう》・僧《そう》の三宝《さんぽう》への帰依を誓う「三帰誓願式」を受けることができます。三帰誓願者には、『仏説・正心法語』『祈願文《きがんもん》①』『祈願文②』『エル・カンターレへの祈り』が授与されます。

幸福の科学 サービスセンター
TEL 03-5793-1727
受付時間／
火〜金：10〜20時
土・日祝：10〜18時
（月曜を除く）

幸福の科学 公式サイト
happy-science.jp

ハッピー・サイエンス・ユニバーシティ

Happy Science University

ハッピー・サイエンス・ユニバーシティとは

ハッピー・サイエンス・ユニバーシティ（HSU）は、大川隆法総裁が設立された「現代の松下村塾」であり、「日本発の本格私学」です。
建学の精神として「幸福の探究と新文明の創造」を掲げ、
チャレンジ精神にあふれ、新時代を切り拓く人材の輩出を目指します。

人間幸福学部　経営成功学部　未来産業学部

HSU長生キャンパス TEL **0475-32-7770**
〒299-4325　千葉県長生郡長生村一松丙 4427-1

未来創造学部

HSU未来創造・東京キャンパス
TEL **03-3699-7707**
〒136-0076　東京都江東区南砂2-6-5

公式サイト **happy-science.university**

学校法人 幸福の科学学園

学校法人 幸福の科学学園は、幸福の科学の教育理念のもとにつくられた教育機関です。人間にとって最も大切な宗教教育の導入を通じて精神性を高めながら、ユートピア建設に貢献する人材輩出を目指しています。

幸福の科学学園

中学校・高等学校（那須本校）
2010年4月開校・栃木県那須郡（男女共学・全寮制）
TEL **0287-75-7777** 公式サイト **happy-science.ac.jp**

関西中学校・高等学校（関西校）
2013年4月開校・滋賀県大津市（男女共学・寮及び通学）
TEL **077-573-7774** 公式サイト **kansai.happy-science.ac.jp**

仏法真理塾「サクセスNo.1」

全国に本校・拠点・支部校を展開する、幸福の科学による信仰教育の機関です。小学生・中学生・高校生を対象に、信仰教育・徳育にウエイトを置きつつ、将来、社会人として活躍するための学力養成にも力を注いでいます。

TEL 03-5750-0751（東京本校）

エンゼルプランV　TEL 03-5750-0757

幼少時からの心の教育を大切にして、信仰をベースにした幼児教育を行っています。

不登校児支援スクール「ネバー・マインド」　TEL 03-5750-1741

心の面からのアプローチを重視して、不登校の子供たちを支援しています。

ユー・アー・エンゼル！（あなたは天使！）運動

一般社団法人 ユー・アー・エンゼル　TEL 03-6426-7797

障害児の不安や悩みに取り組み、ご両親を励まし、勇気づける、
障害児支援のボランティア運動を展開しています。

NPO活動支援

学校からのいじめ追放を目指し、さまざまな社会提言をしています。また、各地でのシンポジウムや学校への啓発ポスター掲示等に取り組む一般財団法人「いじめから子供を守ろうネットワーク」を支援しています。

公式サイト **mamoro.org**　ブログ **blog.mamoro.org**

相談窓口 **TEL.03-5544-8989**

百歳まで生きる会

「百歳まで生きる会」は、生涯現役人生を掲げ、友達づくり、生きがいづくりをめざしている幸福の科学のシニア信者の集まりです。

シニア・プラン21

生涯反省で人生を再生・新生し、希望に満ちた生涯現役人生を生きる仏法真理道場です。定期的に開催される研修には、年齢を問わず、多くの方が参加しています。全世界212カ所（国内197カ所、海外15カ所）で開校中。

【東京校】TEL 03-6384-0778　FAX 03-6384-0779
メール senior-plan@kofuku-no-kagaku.or.jp

幸福実現党

内憂外患《ないゆうがいかん》の国難に立ち向かうべく、2009年5月に幸福実現党を立党しました。創立者である大川隆法党総裁の精神的指導のもと、宗教だけでは解決できない問題に取り組み、幸福を具体化するための力になっています。

幸福実現党 釈量子サイト shaku-ryoko.net
Twitter 釈量子@shakuryokoで検索

党の機関紙
「幸福実現党NEWS」

幸福実現党 党員募集中

あなたも幸福を実現する政治に参画しませんか。

- ◯幸福実現党の理念と綱領、政策に賛同する18歳以上の方なら、どなたでも参加いただけます。
- ◯党費:正党員(年額5千円[学生 年額2千円])、特別党員(年額10万円以上)、家族党員(年額2千円)
- ◯党員資格は党費を入金された日から1年間です。
- ◯正党員、特別党員の皆様には機関紙「幸福実現党NEWS(党員版)」(不定期発行)が送付されます。

＊申込書は、下記、幸福実現党公式サイトでダウンロードできます。
住所:〒107-0052 東京都港区赤坂2-10-8 6階 幸福実現党本部
TEL 03-6441-0754 FAX 03-6441-0764
公式サイト hr-party.jp

大川隆法　講演会のご案内

大川隆法総裁の講演会が全国各地で開催されています。講演のなかでは、毎回、「世界教師」としての立場から、幸福な人生を生きるための心の教えをはじめ、世界各地で起きている宗教対立、紛争、国際政治や経済といった時事問題に対する指針など、日本と世界がさらなる繁栄の未来を実現するための道筋が示されています。

2019年12月17日 さいたまスーパーアリーナ「新しき繁栄の時代へ」

2019年10月6日 ザ ウェスティン ハーバーキャッスル トロント（カナダ）「The Reason We Are Here」

2019年7月5日 福岡国際センター「人生に自信を持て」

2019年3月3日 グランド ハイアット 台北（台湾）「愛は憎しみを超えて」

2019年7月13日 ホテル イースト21 東京「幸福への論点」

講演会には、どなたでもご参加いただけます。
最新の講演会の開催情報はこちらへ。 ⟹ 大川隆法総裁公式サイト https://ryuho-okawa.org